INTELIGÊNCIA EMOCIONAL E LIDERANÇA

—TEXTOS ESSENCIAIS—

DANIEL GOLEMAN

INTELIGÊNCIA EMOCIONAL E LIDERANÇA

TRADUÇÃO
Renato Marques

Copyright © 2011 by More Than Sound, LLC

Grafia atualizada segundo o Acordo Ortográfico da Língua Portuguesa de 1990, que entrou em vigor no Brasil em 2009.

Título original
Leadership: The Power of Emotional Intelligence

Capa
Alceu Chiesorin Nunes

Ilustração de capa
Rodrigo Fortes

Preparação
Gabriela Mekhitarian

Revisão
Thaís Totino Richter
Luíza Côrtes

Dados Internacionais de Catalogação na Publicação (CIP)
(Câmara Brasileira do Livro, SP, Brasil)

Goleman, Daniel
   Inteligência emocional e liderança : Textos essenciais / Daniel Goleman ; tradução Renato Marques. — 1ª ed. — Rio de Janeiro : Objetiva, 2025.

   Título original : Leadership : The Power of Emotional Intelligence.
   ISBN 978-85-390-0888-9

   1. Administração – Aspectos psicológicos 2. Habilidade executiva 3. Inteligência emocional 4. Liderança – Aspectos psicológicos I. Marques, Renato. II. Título.

25-269089	CDD-658.4092

Índice para catálogo sistemático:
1. Liderança : Administração de empresas   658.4092

Cibele Maria Dias — Bibliotecária — CRB-8/9427

Todos os direitos desta edição reservados à
EDITORA SCHWARCZ S.A.
Praça Floriano, 19, sala 3001 — Cinelândia
20031-050 — Rio de Janeiro — RJ
Telefone: (21) 3993-7510
www.companhiadasletras.com.br
www.blogdacompanhia.com.br
facebook.com/editoraobjetiva
instagram.com/editora_objetiva
x.com/edobjetiva

Sumário

1. Uma sinergia surpreendente 7
2. "Gerenciar com o coração" 19
3. A formação de um líder 37
4. Liderança que dá resultados 67
5. QI de grupo 107
6. Liderança primordial 117
7. O cérebro social 149
8. O ponto ideal para o sucesso 153
9. Desenvolvendo a inteligência emocional 179

Apêndice: Competências de liderança 185

Notas 191
Fontes 203

1. Uma sinergia surpreendente

Lembro-me de ter pensado, pouco antes da publicação de *Inteligência emocional*, que se um dia eu ouvisse uma conversa em que dois desconhecidos usassem as palavras "inteligência emocional" e ambos entendessem o seu significado, eu teria conseguido disseminar o termo de maneira mais ampla na cultura. Eu mal poderia imaginar.

A expressão *inteligência emocional*, ou sua abreviação informal QE, de quociente de inteligência emocional, tornou-se onipresente, aparecendo em cenários tão improváveis quanto as tirinhas *Dilbert* e *Zippy the Pinhead*, e na arte sequencial de Roz Chast nas páginas da revista *The New Yorker*. Já vi caixas de brinquedos que afirmam aumentar o QE das crianças; por vezes, anúncios de pessoas em busca de potenciais parceiros românticos incluem o nível de QE. Certa vez, encontrei uma piada sobre o assunto no rótulo de um frasco de xampu no meu quarto de hotel.

Talvez minha maior surpresa tenha sido o impacto da IE (a abreviação que eu prefiro) no mundo dos negócios. A revista *Harvard Business Review* saudou a inteligência emocional como "uma ideia inovadora, capaz de quebrar paradigmas", e como uma das ideias empresariais mais influentes da década.

A década que se seguiu à publicação de *Inteligência emocional*, em 1995, viu um aumento nas aplicações do conceito no ambiente de trabalho, sobretudo na triagem, na seleção e no desenvolvimento de lideranças. Com esse interesse crescente, ganhou fôlego uma mini-indústria de consultores e coaches, alguns vendendo serviços baseados em afirmações que extrapolavam em muito os dados. A fim de botar os pingos nos is, escrevi uma nova introdução para a edição comemorativa do décimo aniversário do livro. Naquela época, alguns psicólogos acadêmicos tinham um compreensível pé atrás em relação ao conceito de IE — e às afirmações exageradas que eram feitas a respeito. Apenas hoje, com um fluxo constante de dados aprimorados, muitas das críticas foram arrefecendo, conforme pesquisas sólidas permitiram uma imagem mais empírica dos benefícios da IE.

O Consórcio para Pesquisa sobre Inteligência Emocional em Organizações (CREIO, na sigla em inglês) da Universidade Rutgers lidera a catalisação desse trabalho científico, colaborando com órgãos e empresas que vão do Escritório de Gestão de Pessoal do governo federal dos Estados Unidos à American Express.

Quando escrevi *Inteligência emocional*, meu foco principal eram as novas descobertas sobre o cérebro e as emoções, em especial suas implicações para o desenvolvimento infantil e para as escolas. Mas incluí um capítulo — "Administrar com o coração" — sobre como aquele novo conceito dava consistência à nossa compreensão de liderança. Essas ideias despertaram na comunidade empresarial um interesse tão grande que meus dois livros seguintes trataram das implicações da inteligência emocional para o ambiente de trabalho (*Trabalhando com a inteligência emocional*) e sobre a liderança em si (*Primal Leadership: Learning to Lead With Emotional Intelligence* [Liderança essencial: Aprendendo a liderar com inteligência emocional]). "Administrar com o coração" — cujos trechos aparecem aqui no capítulo 2 — contém alguns conselhos práticos sobre como dar feedbacks construtivos — e sobre as consequências de fazer críticas de forma indevida. O texto oferece um exemplo concreto da diferença entre liderar com e sem inteligência emocional.

Existem hoje três modelos principais de IE, com dezenas de variações. Cada um representa uma perspectiva diferente. O de Peter Salovey e John Mayer se baseia com firmeza na tradição de inteligência moldada pelo trabalho original sobre QI (quociente de inteligência) de um século atrás. O modelo proposto por Reuven Bar-On foi desenvolvido a partir de sua pesquisa sobre bem-estar. E o meu modelo se concentra no nível comportamental, no desempenho no trabalho e na liderança organizacional, fundindo a teoria sobre IE com décadas de pesquisa em relação à modelagem de competências que diferenciam o desempenho de profissionais de destaque da média.

Como propus em *Trabalhando com a inteligência emocional*, as habilidades de IE — em vez de QI ou aptidões técnicas — surgem como a competência "diferencial" que melhor prevê quem, entre um grupo de pessoas muito inteligentes, será o líder mais hábil. Se analisarmos as competências determinadas de forma independente por organizações ao redor do mundo para identificar líderes, descobriremos que, quanto mais alta a posição, mais os indicadores de QI e aptidões técnicas caem para o final da lista. (QI, experiência e conhecimento técnico especializado são fatores de previsão de excelência muito mais robustos em empregos de nível inferior.)

Nos níveis mais altos, os modelos de competência para liderança costumam ter entre 80% e 100% de habilidades baseadas em IE. Como disse o chefe de pesquisa de uma multinacional que recruta executivos, "CEOs são contratados por seu intelecto e expertise empresarial — e demitidos por falta de inteligência emocional".

Em *Trabalhando com a inteligência emocional*, propus também uma estrutura mais ampla que reflete o modo como os fundamentos de IE — isto é, autoconsciência, autogestão, consciência social e capacidade de gerenciar relacionamentos — se traduzem em sucesso no trabalho. Essa estrutura é ilustrada pela figura reproduzida no final deste capítulo.

O fascínio da comunidade do mundo dos negócios pela inteligência emocional, sobretudo para líderes, chamou a atenção dos editores da *Harvard Business Review*, que me pediram para escrever mais sobre o assunto. O artigo resultante, "A formação de um líder", publicado na *Review* em 1998, também teve um impacto surpreendente. Logo se tornou uma das reimpressões mais solicitadas na história da revista e foi incluído em várias antologias sobre liderança lançadas pela *Review*, incluindo uma compilação dos dez artigos publicados em suas páginas que eram "leitura obrigatória". Você o encontrará no capítulo 3.

David McClelland, meu mentor em Harvard, estudou o que motivava empreendedores de sucesso — e ele mesmo era empreendedor, um dos cofundadores de uma empresa de pesquisa e consultoria chamada McBer, que aplicou o método de criação de modelos de competência ao mundo organizacional. Mais tarde, a empresa foi incorporada pelo Hay Group, uma firma global de consultoria, e o braço de pesquisa da McBer se tornou o Instituto McClelland, comandado pelos ex-alunos de McClelland Jim Burrus, Mary Fontaine e Ruth Jacobs (agora Malloy). À medida que o interesse pelas competências de inteligência emocional aumentava, eles compartilharam comigo os dados que haviam coletado sobre desempenho empresarial e estilos de liderança de milhares de executivos, que relatei no artigo da *Harvard Business Review*, "Liderança que dá resultados" (reproduzido aqui no capítulo 4).

Em uma economia impulsionada pelo trabalho do conhecimento, o valor é criado por meio do esforço das equipes. Isso coloca o foco no "QI de grupo", conceito idealizado por Robert Sternberg e Wendy Williams em Yale, que representa a soma total dos melhores talentos de cada membro da equipe contribuindo com força total. Porém, o que determina a produtividade efetiva do time não é seu potencial teórico — ou seja, o QI de grupo —, mas a eficácia com que coordena os esforços. Em outras palavras, harmonia interpessoal. No início, esmiucei a dinâmica do QI de grupo em *Inteligência emocional* e, em seguida, retornei à dinâmica emocional das equipes a partir da perspectiva dos estilos dos líderes de equipe. Você encontrará essas dinâmicas detalhadas no capítulo 5.

Se em grande medida *Inteligência emocional* relatava as descobertas de um campo até então novo — a neurociência afetiva —, meu livro de 2003, *Inteligência social*, foi instigado pelo surgimento de descobertas interessantes de outro campo novo — a neurociência social. Esse ramo começou a observar como os cérebros se comportam enquanto interagimos, e o resultado foi uma enxurrada de novos achados sobre os circuitos sociais do cérebro, com grandes implicações à luz de outra série de descobertas sobre a relação entre os centros de pensamento e as emoções do cérebro, como você verá no capítulo 8.

Em *O cérebro e a inteligência emocional: Novas perspectivas*, demonstrei que os estados de desengajamento (epidêmico em alguns locais de trabalho) e de esgotamento por excesso de estresse (também epidêmico) desabilitam as zonas pré-frontais do cérebro, o local de compreensão, foco, aprendizagem e criatividade. No entanto, conforme explico no capítulo 7, na zona de fluxo o cérebro opera no pico de eficiência cognitiva, e as pessoas têm seu melhor desempenho.

Isso redefine a tarefa essencial de um líder: ajudar os indivíduos a chegar e permanecer na zona cerebral em que podem trabalhar dando o melhor de si. Como você lerá no capítulo 6, detalhei essa tarefa no livro *O poder da inteligência emocional: Como liderar com sensibilidade e eficiência*, escrito com meus colegas Annie McKee e Richard Boyatzis. Nosso argumento é que líderes eficazes criam uma ressonância com as pessoas lideradas por eles, uma harmonia neural que facilita o *flow*.

Por fim, há a questão de como um líder pode desenvolver mais habilidades em inteligência emocional. Aqui, a boa notícia da ciência cerebral é a neuroplasticidade: a noção de que o cérebro continua a crescer e a se moldar ao longo da vida. Um processo de aprendizagem sistemático, descrito aqui no capítulo 9, uma seleção de excertos de *O cérebro e a inteligência emocional: Novas perspectivas*, pode desenvolver a liderança em qualquer ponto da carreira — ou da vida.

Na imagem a seguir, a maioria dos elementos de cada modelo de inteligência emocional se encaixa nestes quatro domínios genéricos: autoconsciência, autogestão, consciência social e gestão de relacionamentos. Com base em cada uma dessas habilidades essenciais, são aprendidas as competências no local de trabalho que distinguem os líderes mais bem-sucedidos.[1]

Enquanto nossa inteligência emocional determina nosso potencial para aprender os fundamentos do autodomínio e coisas do tipo, nossa competência emocional mostra o quanto desse potencial dominamos de formas que se traduzem em capacidades no trabalho. Ser proficiente em uma competência emocional, como

- Autoconsciência emocional
- Empatia
- Consciência organizacional

- Autocontrole emocional
- Adaptabilidade
- Realização
- Perspectiva positiva

- Liderança inspiradora
- Influência
- Gestão de conflitos
- Trabalho em equipe e colaboração

atendimento ao cliente ou trabalho em equipe, requer uma habilidade subjacente em fundamentos de IE, como consciência social e gestão de relacionamentos. Mas competências emocionais são habilidades aprendidas: só ter consciência social ou aptidão em gerir relacionamentos não assegura que alguém tenha dominado a aprendizagem adicional necessária para lidar com destreza com um cliente ou resolver um conflito. A pessoa apenas tem o potencial de se tornar hábil nessas competências.

Portanto, uma habilidade subjacente de IE é necessária, embora não suficiente, para manifestar determinada competência ou capacidade de trabalho. Um análogo cognitivo seria o aluno que tem excelentes aptidões espaciais, mas nunca aprende geometria, muito menos chega a se tornar um arquiteto. Da mesma forma, alguém pode ser extremamente empático, mas ruim em, digamos, lidar com relacionamentos de longo prazo com clientes.

Às almas ultradedicadas interessadas em entender como meu modelo atual abriga cerca de uma dezena de competências emocionais de liderança nos quatro agrupamentos de IE, recomendo que consultem o Apêndice.

2. "Gerenciar com o coração"

Malburn McBroom era um chefe autoritário, cujo mau gênio intimidava os que trabalhavam com ele. Essa faceta de sua personalidade não seria tão significativa se ele trabalhasse num escritório ou numa fábrica. Mas McBroom era piloto de uma companhia aérea.

Um dia, em 1978, o avião de McBroom se aproximava de Portland, nos Estados Unidos, quando ele notou que havia um problema com o trem de pouso. Então, ele executou um procedimento de espera, circulando o campo de aterrissagem em uma altitude elevada ao passo que tentava resolver o problema.

Enquanto McBroom estava focado no trem de pouso, os medidores de combustível do avião começaram a se aproximar rapidamente do nível zero. Mas os copilotos estavam com tanto medo da fúria do piloto que não disseram nada, mesmo diante do desastre iminente. O avião caiu, matando dez pessoas.

Hoje, a história desse acidente é contada em treinamentos de segurança dados a pilotos de companhias aéreas como forma de alerta.[1] Em 80% dos desastres aéreos, os pilotos cometem erros que poderiam ter sido evitados, sobretudo se a tripulação atuasse em conjunto de modo mais harmônico. O trabalho em equipe, a existência de canais de comunicação abertos, a cooperatividade, saber ouvir e dizer o que se pensa — rudimentos de inteligência social — são agora enfatizados aos pilotos em treinamento, junto com as habilidades técnicas necessárias.

A cabine de um avião é um microcosmo de qualquer organização de trabalho. Mas, se excluirmos o impactante choque de realidade que é um acidente aéreo, os efeitos destrutivos de um moral ruim por conta de trabalhadores intimidados ou chefes arrogantes — ou qualquer uma das dezenas de outras permutações de limitações emocionais encontráveis no local de trabalho — poderiam passar em grande parte despercebidos por aqueles que estão fora do ambiente imediato. Porém, os custos dessas limitações podem ser verificados em sinais como o decréscimo dos níveis de produtividade, a maior ocorrência de erros e contratempos, o aumento das perdas de prazos e o êxodo de funcionários para ambientes mais agradáveis. Os baixos níveis de inteligência emocional no trabalho geram, inevitavelmente, um custo para o resultado final. Quando isso se generaliza de modo desenfreado, as empresas acabam fracassando e vão à ruína.

A relação custo-benefício proporcionada pela inteligência emocional no mundo dos negócios é uma ideia mais ou menos nova nas empresas, que alguns gestores podem achar difícil de aceitar. Um estudo com 250 executivos constatou que a maioria julgava que o trabalho exigia "a cabeça, mas não o coração". Muitos disseram temer que sentir empatia ou compaixão pelos colegas de trabalho os colocasse em conflito com suas metas organizacionais. Um deles achava que a ideia de ser sensível aos sentimentos dos indivíduos com quem trabalhava era absurda — seria, em suas palavras, "impossível lidar com as pessoas". Outros alegaram que, se não mantivessem certo distanciamento emocional, seriam incapazes de tomar as decisões "duras" que os negócios exigem — embora o mais provável seja que tomassem tais decisões de modo mais complacente.[2]

Esse estudo foi realizado na década de 1970, quando o cenário do mundo dos negócios era muito diferente. Meu argumento é que, hoje em dia, essas atitudes estão ultrapassadas, um luxo obsoleto; uma nova realidade competitiva põe em alta a utilização da inteligência emocional no ambiente corporativo e no mercado de trabalho.

Shoshona Zuboff, psicóloga da Escola de Negócios de Harvard, observou que "neste século as corporações passaram por uma revolução drástica, que veio acompanhada de uma correspondente transformação do cenário emocional. Houve um longo período de dominação gerencial da hierarquia corporativa, em que se recompensava a figura do chefe manipulador, o combatente da selva. Mas essa hierarquia rígida começou a desmoronar na década de 1980, pressionada tanto pela globalização como pela tecnologia da informação. Esse combatente da selva simboliza o que as corporações eram ontem; o virtuoso em aptidões interpessoais é o futuro das empresas".

Alguns dos motivos chegam a ser gritantes de tão óbvios — imagine as consequências para um grupo de trabalho quando alguém é incapaz de conter um ataque de raiva ou não tem sensibilidade sobre o que as pessoas ao redor estão sentindo. Todos os efeitos prejudiciais de um raciocínio agitado operam também no local de trabalho: quando sofrem alguma perturbação emocional, as pessoas não conseguem se lembrar, prestar atenção, aprender ou tomar decisões com lucidez. Como disse um consultor de gestão: "O estresse idiotiza as pessoas".

Pelo lado positivo, imagine como são benéficas as aptidões nas competências emocionais básicas para o ambiente profissional — estar em sintonia com os sentimentos das pessoas com quem nos relacionamos, saber lidar com discordâncias para que não aumentem, ser capaz de entrar em estados de *flow* ao executar uma tarefa. Liderança não é dominação, mas a arte de persuadir as pessoas a trabalharem em direção a um objetivo comum. E, em termos de gerenciamento de nossa própria carreira, talvez não haja nada mais essencial do que reconhecer nossos sentimentos mais profundos em relação ao que fazemos — e a quais mudanças poderiam nos deixar de fato mais satisfeitos com nosso trabalho.

A ARTE DA CRÍTICA

Ele era um engenheiro experiente, dirigia um projeto de desenvolvimento de software e estava apresentando o resultado de um trabalho que havia tomado meses de sua equipe ao vice-presidente de desenvolvimento de produtos da empresa. Os homens e as mulheres que haviam se empenhado durante longos dias, semana após semana, estavam lá com ele, orgulhosos de apresentar o fruto de seu árduo esforço. Mas, quando o engenheiro terminou de apresentar o projeto, o vice-presidente se virou para ele e perguntou em tom sarcástico: "Há quanto tempo você saiu da pós-graduação? Essas especificações são ridículas. Não têm a menor chance de serem aprovadas por mim".

O engenheiro, absolutamente envergonhado, passou o resto da reunião sentado com expressão melancólica, reduzido a um silêncio taciturno. Por pura formalidade, os homens e as mulheres de sua equipe ainda tentaram fazer comentários incoerentes — alguns, inclusive, hostis — para defender seus esforços. O vice-presidente foi chamado para outro compromisso e a reunião teve de ser encerrada de maneira abrupta, deixando um resíduo de raiva e amargura.

Ao longo das duas semanas seguintes, o engenheiro ficou obcecado pelos comentários do vice-presidente. Desanimado e deprimido, estava convencido de que nunca mais seria incumbido de realizar outra tarefa importante na empresa e cogitou pedir demissão, embora gostasse de trabalhar lá. Por fim, ele foi falar com o vice-presidente, lembrou-lhe do episódio da reunião, das críticas recebidas e de seu efeito desmoralizante. Em seguida, fez uma pergunta formulada com cuidado: "Estou um pouco confuso em relação ao que o senhor pretendia alcançar. Presumo que não tentava apenas me constranger — o senhor tinha algum outro objetivo em mente?".

O vice-presidente ficou surpreso — não fazia ideia de que sua observação, que considerava ser uma frase à toa, tinha sido tão devastadora. Na verdade, ele achava que o projeto de software era promissor, mas precisava de aprimoramento — não tinha a intenção de descartá-lo como totalmente inútil. O vice-presidente admitiu que apenas não percebeu que havia expressado tão mal sua reação, nem que havia ferido os sentimentos de alguém. E, antes tarde do que nunca, pediu desculpas.[3]

Na verdade, é uma questão de feedback as pessoas obterem as informações essenciais para manter seus esforços no caminho certo. Em sua acepção original, formulada na teoria de sistemas, feedback significa a troca de dados sobre o funcionamento de uma parte de um sistema, com o entendimento de que ela afeta todas as outras, de modo que qualquer uma que saia dos eixos pode ser reajustada. Numa empresa, todos fazem parte de um mesmo sistema e, portanto, o feedback é a força vital da organização — a troca de informações que permite que as pessoas saibam se o trabalho que realizam está indo bem ou se precisa ser ajustado, atualizado ou redirecionado por completo. Sem isso, as pessoas ficam no escuro; elas não fazem ideia de como seu chefe avalia seu trabalho, qual a situação com seus colegas, o que se espera deles e se existem problemas que tendem apenas a piorar com o passar do tempo.

Em certo sentido, a crítica é uma das mais importantes tarefas de um gestor. No entanto, é também uma das mais temidas e postergadas. E, tal qual o vice-presidente sarcástico, muitos gestores dominam mal a arte crucial de fornecer feedback. Essa limitação tem um custo imenso: assim como a saúde emocional de um casal depende de sua capacidade de expressar bem suas queixas, também a eficácia, a satisfação e a produtividade das pessoas no ambiente de trabalho dependem de como elas são informadas sobre eventuais problemas. De fato, a maneira como as críticas são feitas e recebidas contribui muito para determinar o grau de satisfação que as pessoas sentem com o trabalho, com os colegas e com as lideranças.

A PIOR MANEIRA DE MOTIVAR ALGUÉM

As vicissitudes emocionais que atuam no casamento operam também no ambiente profissional, onde assumem formas semelhantes. As críticas são expressas mais como ataques pessoais do que como reclamações que podem ter uma solução; há acusações e agressões pessoais com fortes doses de repulsa, sarcasmo e desprezo; esse tipo de atitude dá origem a uma reação defensiva, a uma fuga de responsabilidades e, por fim, a um padrão de retraimento e falta de comunicação e a uma resistência passiva acirrada resultante do sentimento de receber um tratamento injusto. Uma das formas mais comuns de crítica destrutiva no local de trabalho, segundo um consultor de negócios, é uma declaração genérica e generalizada do tipo "Você está estragando tudo", feita em um tom duro, sarcástico e raivoso, que não oferece a chance de resposta ou uma sugestão de como fazer melhor as coisas. Deixa quem recebe a crítica com uma sensação de impotência e rancor.

Do ponto de vista da inteligência emocional, essa crítica demonstra que a pessoa ignora os sentimentos que desencadeará em quem a recebe e o efeito devastador que esses sentimentos terão em sua motivação, energia e confiança profissional.

Essa dinâmica destrutiva veio à tona em uma pesquisa feita com gestores, aos quais foi solicitado que relembrassem ocasiões em que perderam a razão com funcionários e, no calor do momento, partiram para ataques pessoais.[4] Os ataques de raiva tiveram efeitos muito parecidos com os que ocorrem em uma relação conjugal: muitas vezes os funcionários atacados reagiram de forma defensiva, dando desculpas ou fugindo da responsabilidade. Ou então se fecharam — isto é, tentaram evitar ter contato ou se comunicar com o chefe que explodiu com eles. No entanto, os gestores se sentiam ainda mais irritados e provocados com essas reações, o que sugeria o início de um ciclo que, no mundo dos negócios, termina com o funcionário pedindo demissão ou sendo demitido — o equivalente empresarial de um divórcio.

De fato, em uma pesquisa que incluiu 108 lideranças e funcionários corporativos, a crítica inepta apareceu antes da desconfiança, do embate de personalidade e das disputas por poder e salário como motivo para conflitos no trabalho.[5] Um experimento feito pelo Instituto Politécnico Rensselaer mostra como uma crítica contundente pode ser prejudicial para as relações profissionais. Numa simulação, voluntários receberam a tarefa de criar um anúncio para um novo xampu. Outro voluntário (cúmplice dos pesquisadores) fingia julgar as propostas; os voluntários receberam uma de duas críticas, que já estavam combinadas. Uma era ponderada, polida e específica. A outra incluía ameaças e culpava limitações inatas da pessoa, com comentários depreciativos como: "Você nem sequer tentou; pelo visto não consegue fazer nada direito" e "Talvez seja só falta de talento. Eu arranjaria outra pessoa para fazer o trabalho". Como era previsível, quem foi atacado ficou tenso, irritado e hostil, dizendo que se recusaria a colaborar com o autor das críticas em outros projetos. Muitos indicaram que evitariam ter qualquer contato com ele — em outras palavras, se fecharam. Quem foi alvo da crítica mais dura ficou tão desanimado e desmotivado que passou a se esforçar menos no trabalho e, talvez o aspecto mais prejudicial de todos, afirmou que não se sentia capaz de executar bem as tarefas. O ataque pessoal foi arrasador para o moral.

Muitos gestores são ávidos para criticar, mas são econômicos na hora de fazer elogios, o que deixa seus funcionários com a sensação de que só têm o desempenho avaliado ao cometer um erro. Essa propensão à crítica é agravada por gestores que passam longos períodos adiando um feedback. "A maior parte dos problemas no desempenho de um funcionário não surge de repente; vão se avolumando aos poucos ao longo do tempo", observa J. R. Larson, psicólogo da Universidade de Illinois, campus de Urbana. "Quando o chefe não comunica de imediato o que sente, isso leva a um acúmulo gradual de frustração. Até que um dia ele explode. Se a crítica tivesse sido feita antes, o funcionário teria sido capaz de corrigir o problema. Muitas vezes, as pessoas criticam apenas quando a raiva transborda, atingindo um nível tão alto que não pode ser contida, como numa enchente. E é aí que fazem a crítica da pior forma, em um tom de sarcasmo mordaz, enumerando uma longa lista de queixas que guardaram para si ou com ameaças.

Esses ataques saem pela culatra. São recebidos como uma afronta, e, por sua vez, a pessoa que os recebe fica com raiva. É a pior maneira de motivar alguém."

CRITICAR DE FORMA HÁBIL

Pense na alternativa. Uma crítica hábil tem o potencial de ser uma das mensagens mais proveitosas que um gestor é capaz de enviar. Por exemplo, o vice-presidente desdenhoso poderia ter dito ao engenheiro de software — mas não disse — algo como: "A principal dificuldade nesta etapa é que seu plano vai demandar muito tempo e, portanto, vai ter custos elevados. Eu gostaria que você pensasse um pouco mais sobre a proposta, sobretudo as especificações de design para desenvolvimento de software, para ver se consegue descobrir uma maneira de fazer o mesmo trabalho em menos tempo". Essa mensagem tem o impacto oposto da crítica destrutiva: em vez de criar uma sensação de impotência, raiva e revolta, mantém a esperança de um desempenho melhor e sugere o início de um plano.

Uma crítica feita de forma hábil se concentra no que uma pessoa fez e pode fazer, em vez de detectar um traço da personalidade dela em um trabalho malfeito. Como aponta Larson: "Um ataque pessoal — chamar alguém de estúpido ou incompetente — é errar o alvo e não entender o xis da questão. Você coloca a pessoa na mesma hora na defensiva, de modo que ela deixa de ser receptiva ao que você tem a dizer sobre como pode melhorar". Esse conselho, claro, é exatamente igual ao que se dá a casais que tem reclamações.

E, em termos de motivação, quando as pessoas acreditam que seus fracassos se devem a alguma falta pessoal imutável, perdem a esperança e param de tentar. Lembre-se de que a crença básica que leva ao otimismo é que contratempos ou fracassos são decorrentes de circunstâncias que podemos intervir e aprimorar.

Harry Levinson, psicanalista que se tornou consultor corporativo, dá o seguinte conselho sobre a arte da crítica, que está intrinsecamente entrelaçada à arte do elogio:

- *Seja específico.* Escolha um incidente relevante, um fato que ilustre um problema-chave que precisa ser mudado, ou um padrão de limitação, por exemplo a incapacidade de realizar bem certas partes de uma tarefa. É desmoralizante a pessoa ouvir que faz "alguma coisa errada" sem saber o que exatamente pode melhorar. Concentre-se nos detalhes, dizendo com todas as letras o que a pessoa fez bem, o que fez mal e como mudar isso. Não faça rodeios, não seja indireto nem evasivo; isso tornará obscura a verdadeira mensagem. Estou falando de falar de forma clara, sem subterfúgios: diga exatamente qual é o problema, o que há de errado, sua sensação e o que pode ser mudado. "A especificidade", aponta Levinson, "é tão importante nos elogios quanto nas críticas. Não vou dizer que elogios vagos não têm nenhum efeito, mas são menos impactantes, e ninguém pode aprender com eles."[6]

- *Ofereça uma solução.* A crítica, como todo feedback útil, deve apontar para uma maneira de resolver o problema. Caso contrário, a pessoa que a recebe fica frustrada, desmoralizada ou desmotivada. Ela pode levar a possibilidades e alternativas que a pessoa não tinha percebido ou fazê-la notar limitações que precisam de atenção — mas deve incluir sugestões de como resolver esses problemas.

- *Esteja presente.* As críticas, assim como os elogios, são mais eficazes quando feitas de forma presencial e em particular. Quem não se sente à vontade para fazer uma crítica — ou um elogio — pessoalmente talvez deseje aliviar o fardo ao fazer isso à distância, por exemplo por meio de um memorando. Mas essa estratégia torna a comunicação muito impessoal e priva quem a recebe da oportunidade de dar uma resposta ou prestar esclarecimentos.
- *Seja sensível.* Este é um apelo por empatia, para estar em sintonia com o impacto do que você diz, e como diz, sobre a pessoa a quem você se dirige. Levinson aponta que gestores pouco empáticos são mais propensos a dar feedback de um modo que machuca, como uma humilhação grosseira e fulminante. O resultado desse tipo de crítica é destrutivo: em vez de abrir caminho para a correção, cria uma reação emocional adversa de ressentimento, amargura, atitude defensiva e distanciamento. Levinson também oferece alguns conselhos emocionais para quem recebe críticas. Um deles é vê-las como uma informação valiosa para aprimorar o trabalho, e não como ataque pessoal. Outro

é ficar bastante atento ao impulso de adquirir uma postura defensiva em vez de assumir responsabilidade. E, caso as coisas fiquem desagradáveis demais, peça para retomar a reunião mais tarde, depois de um ter um momento para absorver a mensagem difícil e se acalmar um pouco. Por fim, ele aconselha as pessoas a verem a crítica como uma oportunidade de trabalhar com quem a fez para resolver o problema, não como confronto.

Texto adaptado de *Inteligência emocional*.

3. A formação de um líder

Todo homem ou toda mulher de negócios conhece alguma história sobre um executivo extremamente inteligente e qualificado que foi promovido a um cargo de liderança apenas para fracassar na nova função. E conhece também alguma história sobre alguém com sólidas — mas não extraordinárias — habilidades técnicas e intelectuais que foi promovido a um cargo semelhante e se deu bem. Essas histórias respaldam a crença generalizada de que identificar indivíduos com a "coisa certa" para serem líderes é mais uma arte do que uma ciência. Afinal, os estilos pessoais de líderes excelentes variam: alguns são comedidos e analíticos; outros são escandalosos, gritam seus manifestos do topo das montanhas. E, igualmente importante, diferentes situações exigem tipos de liderança distintos. A maioria das fusões requer um negociador sensível no comando, ao passo que em processos de recuperação uma autoridade mais enérgica é primordial. Descobri, no entanto, que os líderes mais eficazes se parecem em um aspecto decisivo: todos têm um alto grau do que veio a ser conhecido como inteligência emocional.

Isso não equivale a dizer que o QI e as habilidades técnicas sejam irrelevantes. Esses fatores são importantes, mas sobretudo como "capacidades de limiar"; ou seja, são os requisitos ao iniciar a carreira para cargos executivos. No entanto, minha pesquisa, junto com outros estudos recentes, sugere com vigor que a inteligência emocional é a condição sine qua non da liderança. Sem ela, a pessoa pode ter o melhor treinamento do mundo, uma mente incisiva e analítica, além de um suprimento infinito de ideias inteligentes, e ainda assim não ser um líder formidável. Meus colegas e eu nos concentramos no papel da inteligência emocional no trabalho. Examinamos a relação entre inteligência emocional e desempenho eficaz, em especial em líderes. E observamos como a IE se manifesta no ambiente corporativo. Como um indivíduo consegue detectar se alguém tem uma inteligência emocional elevada, por exemplo, e como é capaz de reconhecê-la em si mesmo? Nas páginas a seguir, investigaremos essas questões, examinando cada componente da inteligência emocional: autoconsciência, autodomínio, empatia e habilidade social.

Hoje em dia, a maioria das grandes empresas contrata psicólogos experientes para desenvolver o que é conhecido como "modelos de competência", com o objetivo de ajudá-las a identificar, treinar e promover prováveis astros e estrelas no firmamento da liderança. Os psicólogos também elaboraram modelos para cargos de níveis mais baixos. Enquanto eu escrevia *Trabalhando com a inteligência emocional*, analisei modelos de competência de 188 empresas, em sua maioria grandes e multinacionais, bem como agências governamentais. Ao realizar esse trabalho, meu objetivo foi determinar quais capacidades pessoais impulsionavam um desempenho excepcional nessas organizações, e em que grau o faziam. Agrupei as capacidades em três categorias: habilidades estritamente técnicas, como contabilidade e planejamento de negócios; habilidades cognitivas, como raciocínio analítico; e competências que demonstram inteligência emocional, como a capacidade de trabalhar com outras pessoas e eficácia na condução de mudanças. Para criar alguns dos modelos de competência, os psicólogos pediram aos gestores de alto escalão que identificassem as capacidades que caracterizavam os líderes de maior destaque da organização. Para criar outros modelos, os psicólogos usaram critérios objetivos — por exemplo, a lucratividade de determinado departamento —, a fim de diferenciar os profissionais com desempenho excepcional em níveis superiores daqueles com desempenho normal. Em seguida, esses indivíduos de maior destaque foram submetidos a um sem-número de entrevistas e testes, e suas capacidades foram comparadas. Esse processo resultou numa listagem do que era necessário para líderes de extrema eficiência. As listas variavam de sete a quinze itens e incluíam, por exemplo, iniciativa e visão estratégica. Algumas competências refletiam habilidades exclusivamente cognitivas, relativas ao QI, ou técnicas, ao passo que outras eram em grande medida baseadas em inteligência emocional, como a autogestão.

Ao analisar todos esses dados, encontrei resultados impactantes. Sem dúvida, o intelecto era um impulsionador do desempenho excepcional. Habilidades cognitivas como pensamento macro e visão de longo prazo eram em particular importantes. Porém, ao calcular a proporção entre habilidades técnicas e QI e inteligência emocional como essenciais para um excelente desempenho, a inteligência emocional se mostrou duas vezes mais importante do que as outras habilidades para cargos de todos os níveis. Além disso, minha análise mostrou que ela desempenhava um papel cada vez maior nos níveis mais altos da empresa, nos quais as diferenças relativas às habilidades técnicas importavam pouco.

Em outras palavras, quanto mais alto o cargo ou a posição hierárquica de uma pessoa de desempenho tido como excepcional, mais suas capacidades de inteligência emocional pareciam ser a razão de sua eficiência. Ao comparar profissionais em cargos de alto escalão com desempenho excelente a profissionais de desempenho normal, quase 90% das competências que distinguiam os primeiros eram atribuíveis a fatores de inteligência emocional, em vez de habilidades apenas cognitivas. Outros pesquisadores confirmaram que isso não apenas distingue líderes excepcionais, mas também pode estar associado a um desempenho de destaque.

As descobertas do falecido David McClelland, o renomado pesquisador em comportamento humano e organizacional, são um bom exemplo. Em um estudo de 1996 realizado em uma empresa global de alimentos e bebidas, McClelland constatou que, quando os gerentes de nível mais alto tinham uma massa crítica de capacidades de inteligência emocional, os departamentos pelos quais eram responsáveis superavam em 20% as metas anuais de lucro. Por sua vez, os líderes sem essa massa crítica apresentavam um desempenho inferior e ficavam aquém quase na mesma porcentagem. O interessante é que as descobertas de McClelland se aplicavam tanto aos departamentos da empresa nos Estados Unidos quanto a suas filiais na Ásia e na Europa. Em suma, os números nos apresentam uma história persuasiva sobre o vínculo entre o sucesso de uma empresa e a inteligência emocional de seus líderes. E, não menos importante, pesquisas também demonstram que as pessoas podem desenvolver a inteligência emocional, contanto que adotem a abordagem correta.

AUTOCONSCIÊNCIA

A autoconsciência é o primeiro componente da inteligência emocional — o que faz sentido ao pensar que o oráculo de Delfos aconselhou há milhares de anos "conhece-te a ti mesmo". Autoconsciência consiste em ter uma compreensão profunda das próprias emoções, de pontos fortes, fraquezas, necessidades e motivações. Pessoas com autoconsciência robusta não são críticas demais nem têm esperanças irreais. Pelo contrário, são honestas consigo mesmas e com os outros. Pessoas com alto grau de autoconsciência reconhecem a maneira como seus sentimentos afetam a si mesmas, os outros e seu desempenho no trabalho. Assim, alguém autoconsciente que sabe que prazos apertados trazem à tona seus piores defeitos planeja o tempo com cuidado e termina a tarefa com bastante antecedência. Outra pessoa com autoconsciência elevada será capaz de trabalhar com um cliente exigente. Ela entenderá o impacto das demandas sobre seu humor e as razões mais profundas de sua frustração. Talvez explique que "exigências triviais nos afastam do trabalho que precisa ser feito". E dará um passo além ao transformar sua raiva em algo construtivo.

A autoconsciência se estende também à compreensão que a pessoa tem de seus valores e objetivos. Alguém com boa autoconsciência sabe para onde está indo e por quê; assim, por exemplo, poderá ser firme ao recusar uma oferta de emprego que seja tentadora do ponto de vista financeiro, mas que não se encaixe em seus princípios ou suas metas de longo prazo. Alguém sem autoconsciência tende a tomar decisões que geram turbulência interna ao passar por cima de valores arraigados. "O dinheiro era bom, então assinei o contrato", a pessoa pode dizer dois anos após assumir um emprego, "mas o trabalho significa tão pouco para mim que vivo entediado." As decisões de indivíduos autoconscientes combinam com seus valores; logo, quase sempre acham seu trabalho estimulante.

Como alguém pode reconhecer a autoconsciência? Em primeiro lugar, ela se mostra como franqueza e uma capacidade de se autoavaliar de maneira realista. As pessoas dotadas de autoconsciência elevada são capazes de falar com precisão e sinceridade — embora não necessariamente de forma efusiva ou confessional — sobre suas emoções e o impacto que elas têm em seu trabalho. Por exemplo, uma gerente que conheço tinha dúvidas sobre um novo serviço de *personal shopper* que a empresa onde trabalhava, uma grande rede de lojas de departamento, estava prestes a lançar. Sem que sua equipe ou seu chefe solicitassem, ela ofereceu uma explicação: "Para mim é difícil apoiar o lançamento desse serviço", ela admitiu, "porque a verdade é que eu mesma queria dirigir o projeto, mas não fui selecionada. Tenham paciência comigo enquanto eu lido com isso." Ela analisou em detalhes os seus sentimentos; uma semana depois, apoiou por completo o projeto. Essa autoconsciência costuma se revelar no processo de contratação de um funcionário. Peça a um candidato para descrever uma ocasião em que se deixou levar por seus sentimentos e fez algo de que mais tarde se arrependeu. Candidatos autoconscientes serão francos ao admitir o fracasso e quase sempre contarão a história com um sorriso estampado no rosto. Uma das marcas registradas da autoconsciência é um senso de humor autodepreciativo.

A autoconsciência também pode ser identificada durante as avaliações de desempenho. Pessoas autoconscientes sabem quais são suas limitações e seus pontos fortes e se sentem à vontade para falar sobre isso; com frequência, demonstram avidez por críticas construtivas. Contudo, pessoas com baixa autoconsciência interpretam a mensagem de que precisam melhorar como uma ameaça ou um sinal de fracasso. Outra maneira de reconhecer pessoas autoconscientes é a autoconfiança. Elas têm uma compreensão sólida de suas capacidades e são menos propensas a, por exemplo, fracassar por assumir tarefas em excesso. Elas também sabem quando pedir ajuda. E os riscos que correm no trabalho são calculados. Elas não aceitarão uma tarefa que sabem que não darão conta sozinhas. E tiram proveito de seus pontos fortes.

Tenhamos em mente as ações de uma funcionária de médio escalão convidada a participar de uma reunião sobre estratégia com os principais executivos da empresa. Embora fosse a pessoa de cargo mais baixo na sala, ela não ficou sentada de braços cruzados, ouvindo em um silêncio deslumbrado ou apavorado. Ela sabia que tinha uma mente aguçada, boa capacidade de pensamento lógico e a habilidade de apresentar ideias de forma persuasiva, e por isso fez sugestões convincentes para a estratégia da empresa. Ao mesmo tempo, sua autoconsciência a impediu de se aventurar por territórios onde sabia que era fraca. Apesar do valor de ter pessoas autoconscientes no local de trabalho, minha pesquisa indica que executivos de alto escalão, quando procuram líderes em potencial, não costumam valorizar de maneira devida a autoconsciência. Muitos confundem a franqueza em relação aos próprios sentimentos com "covardia" e não dão o devido crédito aos funcionários que reconhecem abertamente seus defeitos. Essas pessoas são logo descartadas por não parecerem "duronas o suficiente" para liderar os outros.

Na verdade, o que ocorre é o contrário. Para começo de conversa, as pessoas costumam admirar e respeitar a honestidade. Ademais, com frequência se exige que líderes façam julgamentos que requerem uma avaliação honesta de suas capacidades e das dos outros. Temos experiência em gestão suficiente para adquirir uma empresa concorrente? Somos capazes de lançar um novo produto em seis meses? Pessoas que se avaliam com honestidade — ou seja, pessoas autoconscientes — são as mais indicadas e mais bem preparadas para fazer o mesmo com as organizações que dirigem.

AUTOGESTÃO

Impulsos biológicos norteiam nossas emoções. Não podemos nos livrar deles — mas podemos fazer muita coisa para administrá-los. O autodomínio, que se assemelha a uma conversa interior contínua, é o componente da inteligência emocional que nos liberta de sermos prisioneiros de nossos sentimentos. As pessoas envolvidas nessa conversa sentem mau humor e impulsos emocionais como todo mundo, mas encontram modos de controlá-los e até mesmo de canalizá-los de maneiras úteis. Imagine um executivo que acabou de assistir a uma equipe apresentar uma análise malfeita ao conselho de diretores da empresa. Desanimado com isso, ele poderia se enfurecer e se sentir tentado a esmurrar a mesa ou chutar uma cadeira. Poderia se levantar de um salto e, aos gritos, dar uma bronca no grupo. Ou poderia manter um silêncio sombrio, fuzilando com o olhar seus subordinados antes de sair da sala irritado. No entanto, se tivesse um dom para o autodomínio, ele optaria por uma abordagem diferente. Escolheria com cuidado as palavras, reconhecendo o fraco desempenho da equipe sem fazer julgamentos precipitados. Depois, daria um passo atrás para analisar as razões do fracasso. São pessoais — falta de empenho? Existem fatores atenuantes? Qual foi seu próprio papel no desastre? Depois de refletir sobre essas questões, ele reuniria a equipe, exporia as consequências do episódio e expressaria seus sentimentos a respeito. Em seguida, apresentaria sua análise do problema e uma solução bem pensada.

Por que o autodomínio é tão importante para líderes? Em primeiro lugar, as pessoas que estão no controle de seus sentimentos e impulsos — isto é, racionais e sensatas — são capazes de criar um ambiente de confiança e equidade. Nesses ambientes, a politicagem e as rivalidades internas são reduzidas de forma drástica e a produtividade é alta. Pessoas talentosas fazem fila para trabalhar na empresa e não sentem vontade de se demitir. E o autodomínio tem um efeito cascata. Ninguém quer ser conhecido como "cabeça quente" e "pavio curto" quando o chefe é famoso pela abordagem calma. Ter menos mau humor no topo significa menos baixo-astral em toda a empresa. Em segundo lugar, o autodomínio é importante por razões competitivas. Todos sabem que hoje o mundo dos negócios é carregado de ambiguidades e mudanças. Empresas se fundem e se desmembram o tempo todo. A tecnologia transforma o trabalho em um ritmo vertiginoso. Pessoas que dominam suas emoções são capazes de acompanhar as transformações. Quando um novo programa é anunciado, elas não entram em pânico; em vez disso, são capazes de suspender o julgamento, buscar informações e ouvir a explicação dada pelos executivos. À medida que a iniciativa avança, essas pessoas conseguem acompanhá-la. Às vezes, até tomam a dianteira e indicam o caminho.

Vejamos o caso de uma gerente de uma grande fábrica. Como seus colegas, ela passou cinco anos usando um programa de software que determinava como ela coletava e informava os dados e como pensava a estratégia da empresa. Um dia, os altos executivos anunciaram a instalação de um novo programa que mudaria de maneira drástica a forma como se coletava e avaliava os dados na empresa. Enquanto muitos funcionários reclamaram dos transtornos que viriam com a mudança, a gerente refletiu sobre as razões para implementar um novo programa e ficou convencida de que tinha potencial para melhorar o desempenho. Ela participou com entusiasmo das sessões de treinamento — alguns de seus colegas se recusaram a fazê-lo — e acabou sendo promovida para comandar vários departamentos, em parte por utilizar de forma eficaz a nova tecnologia.

Quero insistir ainda mais na importância do autodomínio para a liderança e defender o argumento de que aumenta a integridade, que para além de uma virtude pessoal é também uma força organizacional. Muitas das coisas ruins que acontecem nas empresas são resultado de comportamentos impulsivos. As pessoas quase nunca planejam exagerar os lucros, aumentar as despesas, pegar dinheiro do caixa ou abusar do poder com objetivos egoístas. Em vez disso, uma oportunidade se apresenta, e pessoas com baixo controle de impulsividade apenas dizem "sim". No entanto, podemos considerar o comportamento de um alto executivo de uma grande empresa alimentícia. Ele era honestíssimo em suas negociações com distribuidores locais, costumava expor em detalhes os custos, oferecendo aos distribuidores um entendimento realista dos preços da empresa. Por conta dessa abordagem, ele nem sempre conseguia negociar com firmeza e obter condições mais favoráveis. Por vezes, sentia o ímpeto de aumentar os lucros escondendo informações sobre os custos. Mas ele rechaçava esse impulso — o executivo via que a longo prazo fazia mais sentido resistir a ele. Seu autodomínio emocional resultou em relacionamentos fortes e duradouros com distribuidores, que beneficiaram a empresa mais do que qualquer ganho financeiro de curto prazo.

Portanto, os sinais de autodomínio emocional são fáceis de notar: uma tendência à reflexão e à consideração; conforto com a ambiguidade e a mudança; e integridade — a capacidade de dizer "não" a impulsos. Assim como ocorre com a autoconsciência, o autodomínio muitas vezes não recebe o devido reconhecimento. As pessoas capazes de controlar as próprias emoções são com frequência tidas como frias e impassíveis; suas reações ponderadas são vistas como falta de entusiasmo. Pessoas de temperamento turbulento e veemente são muitas vezes consideradas líderes "clássicos"; suas explosões são tidas como marcas registradas de carisma e poder. Mas quando chegam ao topo, essa impulsividade costuma atuar contra elas. Na minha pesquisa, demonstrações extremas de emoção negativa nunca funcionaram como impulsionadores de boa liderança.

Se existe uma característica que quase todos os líderes eficazes têm é a motivação — uma variedade de autogestão por meio da qual mobilizamos nossas emoções positivas para seguir em direção aos nossos objetivos. Líderes motivados são levados a realizar mais do que as expectativas — as suas e as de todos os outros. A palavra-chave aqui é *realizar*. Muitas pessoas são motivadas por fatores externos, como um salário alto ou o status de ter um cargo com um título impressionante ou fazer parte de uma empresa de prestígio. Todavia, as pessoas com potencial de liderança são motivadas por um desejo profundo de realizar por realizar. Se você está à procura de líderes, como identificar pessoas motivadas pela vontade de realizar e não por recompensas externas? O primeiro sinal é a paixão pelo trabalho em si — essas pessoas buscam desafios criativos, amam aprender e sentem muito orgulho de um trabalho bem-feito. E demonstram também uma energia inesgotável para fazer melhor as coisas. Pessoas com essa energia costumam demonstrar inquietação com o status quo. São persistentes ao questionar por que as coisas são feitas de determinada maneira; são ávidas para tentar novas abordagens em seu trabalho.

O gerente de uma empresa de cosméticos, por exemplo, estava frustrado por ter de esperar duas semanas para obter resultados de vendas de seu pessoal. Por fim, ele descobriu um sistema telefônico que emitia um sinal sonoro para cada vendedor todos os dias às cinco da tarde. Em seguida, uma mensagem automática solicitava que fosse digitado um número para mostrar quantas ligações e vendas haviam feito. O sistema encurtou de semanas para horas o tempo de feedback sobre os resultados das vendas. Essa história ilustra duas outras características comuns de pessoas motivadas a realizar: elas estão sempre elevando o nível de desempenho e gostam de ficar de olho nos resultados.

Vejamos primeiro o nível de desempenho. Durante as avaliações, pessoas com altos níveis de motivação podem pedir a seus superiores para serem mais "bem aproveitadas". É claro, um funcionário que combina autoconsciência com motivação interna reconhecerá seus limites — mas não se contentará com metas que pareçam fáceis demais. E é natural que pessoas motivadas a fazer melhor queiram também uma maneira de monitorar o progresso — o seu próprio, o da equipe e o da empresa. Enquanto pessoas com baixa exigência de realização costumam ser confusas e incoerentes quanto aos resultados, as que têm alta motivação em geral os acompanham por meio de indicadores concretos, como lucratividade ou participação de mercado. Um fato interessante é que pessoas com alta motivação para realizar permanecem otimistas mesmo quando os números estão contra elas. Nesses casos, o autodomínio se une à motivação para sobrepujar a frustração e a depressão resultantes de um revés ou fracasso.

EMPATIA

De todas as dimensões da inteligência emocional, a empatia é a mais fácil de reconhecer. Todos nós já recebemos esse sentimento de um professor ou de amigo sensível; todos nós já sofremos com a sua ausência na relação com um treinador ou um chefe insensível. Mas, quando se trata de negócios, é raro ouvir pessoas serem elogiadas, muito menos recompensadas, por terem empatia. A própria palavra parece pouco adequada ao mundo dos negócios, deslocada em meio à dura realidade do mercado. Mas empatia não significa um sentimentalismo do tipo "eu estou bem, você está bem". Para um líder, não significa adotar as emoções de outras pessoas como se fossem suas e tentar agradar a todos. Isso seria um pesadelo — impossibilitaria qualquer ação. Em vez disso, a empatia significa levar em consideração de forma cuidadosa os sentimentos dos funcionários — além de outros fatores — na tomada de decisões inteligentes. Para um exemplo de empatia em ação, tenhamos em mente o que aconteceu quando duas corretoras gigantescas se fundiram, o que gerou cargos redundantes em todos os departamentos. Um gerente reuniu a equipe e fez um discurso sombrio, enfatizando o número de pessoas que logo seriam demitidas. Outro gerente fez um tipo diferente de discurso. De forma honesta, ele foi direto ao ponto para expressar que estava preocupado e confuso e prometeu manter todos informados e tratá-los de maneira justa. A diferença entre os dois é a empatia. O primeiro estava preocupado demais com seu próprio destino para levar em conta os sentimentos de seus colegas aflitos. O segundo sabia de forma intuitiva o que a equipe sentia e com suas palavras mostrou que reconhecia os temores de seus subordinados. Surpreende que o primeiro gerente tenha visto seu departamento afundar à medida que a equipe desanimada, sobretudo os indivíduos mais talentosos, pedia demissão? Por sua vez, o segundo continuou a ser um líder forte, os melhores funcionários permaneceram na empresa, e seu departamento manteve a produtividade.

Hoje a empatia é importante em especial como um componente da liderança por pelo menos três razões: o uso cada vez maior do trabalho em equipe; o ritmo veloz da globalização; e a crescente necessidade de reter talentos. Vejamos os desafios de liderar um time. Qualquer um que já fez parte de um grupo pode confirmar que são um caldeirão de emoções fervilhantes. As pessoas costumam ser incumbidas de chegar a um consenso — o que já é difícil entre duas pessoas, e piora conforme o número de integrantes aumenta. Mesmo em grupos com apenas quatro ou cinco membros, formam-se alianças e surgem pautas de prioridade conflitantes. Cabe ao líder ser capaz de sentir e entender os pontos de vista de todos sentados à mesa. Foi exatamente isso que a gerente de marketing de uma grande empresa de tecnologia da informação conseguiu fazer quando foi escolhida para liderar uma equipe problemática. O grupo estava aflito, sobrecarregado de trabalho e incapaz de cumprir prazos. As tensões internas eram grandes. Mexer nos procedimentos não seria suficiente para unir o grupo e torná-lo uma parte eficiente da empresa. Então, a gerente tomou várias medidas. Em uma série de sessões individuais, ela reservou um tempo para ouvir todos no grupo — o que os deixava frustrados, como avaliavam os colegas, se sentiam que tinham sido ignorados. Em seguida, ela gerenciou a equipe com o objetivo de criar união entre os membros: ela estimulou as pessoas a falarem mais abertamente sobre suas frustrações e as ajudou a apresentarem queixas construtivas durante as reuniões. Em suma, a empatia da gerente permitiu que ela entendesse a composição emocional da equipe. O resultado foi não apenas uma colaboração mais intensa entre os integrantes, mas também um incremento nos negócios, pois o grupo foi acionado para ajudar com uma diversidade maior de clientes internos.

A globalização é outro motivo para a empatia ganhar mais espaço entre os líderes corporativos. O diálogo intercultural pode facilmente levar a falhas de comunicação e mal-entendidos. A empatia é um antídoto. Pessoas empáticas estão sintonizadas com as sutilezas da linguagem corporal; conseguem ouvir a mensagem tácita por trás das palavras proferidas. Além disso, têm uma profunda compreensão da existência e da importância das diferenças culturais e étnicas. Vejamos o caso de um consultor norte-americano cuja equipe havia acabado de apresentar um projeto a um potencial cliente japonês. Em negociações realizadas com norte-americanos, a equipe estava acostumada a ser bombardeada com perguntas após apresentar uma proposta; mas, dessa vez, foi saudada por um longo silêncio. Outros membros do grupo, interpretando a falta de retorno como desaprovação, estavam prestes a arrumar as coisas e ir embora. O líder dos consultores pediu que esperassem. Embora não estivesse particularmente familiarizado com a cultura japonesa, ele leu a expressão e a postura corporal do cliente e percebeu não rejeição, mas interesse — até mesmo respeito. Ele estava certo: quando o cliente enfim falou, foi para oferecer o contrato de prestação de serviço à empresa de consultoria.

Por fim, a empatia desempenha um papel fundamental na retenção de talentos, sobretudo na economia da informação em vigor. Os líderes sempre precisaram de empatia para desenvolver e manter bons funcionários, mas hoje os riscos são maiores. Se vão embora, levam consigo o conhecimento da empresa. É aí que entram o coaching e a mentoria. Já foi demonstrado diversas vezes que ambos compensam não apenas em desempenho, mas também em maior satisfação profissional e menor rotatividade. Mas o que os faz funcionar é a natureza do relacionamento. Coaches e mentores excepcionais entram na cabeça de quem estão ajudando. Eles sabem dar um feedback eficaz, quando exigir melhor desempenho e quando se conter. Demonstram empatia na maneira como motivam seus pupilos. Talvez soe repetitivo, mas quero ressaltar que a empatia não é muito respeitada no mundo dos negócios. Questiona-se como é possível que gestores consigam tomar decisões difíceis se "sentem" por todos os envolvidos. Porém, líderes com empatia fazem mais do que isso: eles usam seu conhecimento para aprimorar as empresas de forma sutil, mas relevante.

HABILIDADE SOCIAL

Os dois primeiros componentes da inteligência emocional são habilidades de autogestão. Os dois últimos, empatia e habilidade social, dizem respeito à capacidade de uma pessoa gerenciar o relacionamento com outras. Como parte da inteligência emocional, a habilidade social não é tão simples quanto parece. Não se trata apenas de uma questão de simpatia, embora pessoas com altos níveis de habilidade social raramente sejam desagradáveis, mas simpatia com um propósito: conduzir as pessoas na direção que você deseja, seja concordar com uma nova estratégia de marketing ou gerar entusiasmo por um novo produto.

Pessoas socialmente habilidosas tendem a ter um amplo círculo de conhecidos e contam com um talento especial para encontrar pontos em comum com pessoas de todos os tipos — é o dom de construir afinidades. Isso não significa que vivam em um contínuo estado de convívio social, mas que trabalham com o pressuposto de que sozinho ninguém realiza nada importante. Essas pessoas têm uma rede a postos, que mobilizam quando chega a hora de agir. A habilidade social é o ápice das outras dimensões da inteligência emocional. A tendência é ser bastante eficaz em gerir relacionamentos ao entender e controlar as próprias emoções e ter empatia pelos sentimentos dos outros.

A motivação em si contribui para a habilidade social. Lembre-se de que pessoas motivadas a realizar tendem a ser otimistas, mesmo diante de contratempos ou fracassos. O otimismo faz as pessoas "iluminarem" conversas e outras interações sociais. Elas são populares, e por um bom motivo. Como resultado das outras dimensões da inteligência emocional, a habilidade social pode ser reconhecida no trabalho de várias maneiras hoje conhecidas. Pessoas socialmente hábeis, por exemplo, são aptas para gerir equipes — é a empatia em ação. Da mesma forma, são especialistas em persuasão — uma mistura de autoconsciência, autodomínio e empatia. Com essas habilidades, quem é bom em persuadir os outros sabe, por exemplo, quando será mais eficaz apelar à emoção ou à razão. E a motivação, quando é reconhecida por todos, faz com que essas pessoas sejam excelentes colaboradoras; sua paixão pelo trabalho contagia os demais, que então são motivados a encontrar soluções.

Contudo, às vezes as habilidades sociais se mostram de formas distintas dos demais componentes da inteligência emocional. Por exemplo, por vezes pessoas socialmente hábeis podem dar a impressão de que não estão trabalhando no ambiente corporativo. Parecem estar à toa, conversando com os colegas nos corredores ou brincando com quem não têm um vínculo profissional. Pessoas dotadas de habilidades sociais, no entanto, não veem sentido em limitar de forma arbitrária o escopo de seus relacionamentos. Elas constroem laços amplos porque sabem que, nestes tempos fluidos, um dia poderão precisar da ajuda de alguém que conheceram hoje.

Vamos tomar como exemplo o caso de um executivo que atuava no departamento de estratégia de uma multinacional de computadores gigante. Em 1993, ele se convenceu de que o futuro da empresa estava na internet. No ano seguinte, encontrou pessoas que pensavam como ele e empregou suas habilidades sociais para formar uma comunidade virtual que atravessava diferentes níveis, departamentos e nações. Em seguida, usou essa equipe para criar um site corporativo, um dos primeiros entre as grandes empresas. E, por iniciativa própria, sem nenhum orçamento ou formalização, inscreveu a empresa para participar de uma convenção anual da indústria da internet. Convocando a ajuda de seus aliados e persuadindo vários departamentos a fazer doações, recrutou mais de cinquenta pessoas de uma dúzia de unidades diferentes para representar a empresa na convenção. Os administradores do alto escalão notaram: um ano depois, a equipe formou a base para o primeiro departamento da empresa a se dedicar à internet, e ele foi formalmente colocado no comando. Para chegar lá, o executivo ignorou os limites convencionais, forjando e mantendo conexões com pessoas em todos os cantos da organização.

A habilidade social é considerada uma capacidade de liderança essencial na maioria das empresas? Sim, sobretudo quando comparada a outros componentes da inteligência emocional. As pessoas parecem saber intuitivamente que os líderes precisam gerir de forma eficaz os relacionamentos; nenhum líder é uma ilha. Afinal, a função do líder é delegar trabalho para os outros, e é a habilidade social que torna isso possível. É provável que um líder incapaz de expressar empatia não a tenha. E a motivação é inútil para um gestor que não consegue comunicar seu entusiasmo à organização. A habilidade social permite que líderes coloquem em prática a inteligência emocional.

Seria uma tolice afirmar que o bom e velho QI e a habilidade técnica não são ingredientes importantes para uma liderança forte. Mas a receita não está completa sem a inteligência emocional. Em outros tempos, pensava-se que era positivo os componentes da IE "estarem presentes" em gestores corporativos, mas agora sabemos que para que haja bom desempenho são "essenciais". Portanto, é uma sorte que a inteligência emocional possa ser aprendida. O processo não é fácil. Leva tempo e, acima de tudo, exige comprometimento. Mas os benefícios de ter uma inteligência emocional bem desenvolvida, tanto para o indivíduo quanto para a empresa, fazem o esforço valer a pena.

Texto adaptado da *Harvard Business Review*.

4. Liderança que dá resultados

Pergunte a qualquer grupo de pessoas de negócios "o que os bons líderes fazem?", e você ouvirá diversas respostas: definir estratégias, motivar, oferecer uma missão, construir uma cultura.

Depois pergunte: "O que os líderes deveriam fazer?". Se o grupo for experiente, é provável que haja apenas uma resposta: a única função é obter resultados.

Mas como? O mistério do que gestores podem e devem fazer para estimular o melhor desempenho de sua equipe é muito antigo. Ainda assim, muitas pessoas e organizações não entendem o que define a liderança eficaz. Um dos motivos é que, até pouco tempo, quase nenhuma pesquisa quantitativa tinha demonstrado quais eram exatamente os comportamentos de líderes que geravam resultados positivos.

Os especialistas oferecem conselhos com base em inferência, experiência e instinto. Às vezes, esses conselhos acertam na mosca; outras, não são tão certeiros.

Uma pesquisa da empresa de consultoria Hay/McBer feita com base em uma amostra aleatória de 3871 executivos selecionados de um banco de dados de mais de 20 mil nomes em todo o mundo desvendou parte significativa do mistério de uma liderança eficaz. A pesquisa encontrou seis estilos, cada um vindo de um componente diferente da inteligência emocional. Considerados de modo individual, parecem ter um impacto direto e singular no ambiente profissional de uma empresa, um departamento ou uma equipe e, portanto, no desempenho financeiro. E — talvez o aspecto mais importante — a pesquisa indica que os líderes com os melhores resultados não se prendem a um único estilo; usam diversos ou a maioria deles em determinada semana — de forma contínua e em diferentes graus —, dependendo da situação empresarial.

Então, imagine os estilos como se fossem tacos disponíveis na bolsa de um jogador de golfe profissional. Ao longo de uma partida, ele escolhe de acordo com as exigências da jogada. Às vezes, deve refletir qual seria a melhor opção, mas isso costuma ser automático. O jogador percebe o desafio que tem diante de si, rapidamente pega a ferramenta certa e a coloca em ação com elegância. Líderes de alto impacto atuam do mesmo modo.

Quais são os seis estilos? Se considerarmos apenas o nome e uma breve descrição, é provável que cada um soe familiar para qualquer pessoa que lidere, é liderada ou, como ocorre com a maioria, faz as duas coisas. Líderes assertivos mobilizam os funcionários em direção a uma visão. Os afetivos criam laços emocionais e harmonia. Os democráticos promovem o consenso por meio da participação. Os pioneiros esperam excelência e autodireção. Os coaches treinam e desenvolvem pessoas para o futuro. E os coercitivos exigem aceitação imediata.

Feche os olhos e você com certeza conseguirá imaginar um colega que utiliza algum desses estilos. É provável que você mesmo use pelo menos um. A novidade nesta pesquisa são suas implicações para a ação. Primeiro, oferece um entendimento detalhado de como diferentes estilos de liderança afetam o desempenho e os resultados. Segundo, oferece uma orientação cristalina sobre quando um gestor deve alternar estilos. Além disso, sugere com vigor que é bastante aconselhável ser flexível. Outra novidade é a descoberta de que cada estilo de liderança vem de componentes da inteligência emocional distintos.

MEDINDO O IMPACTO DA LIDERANÇA

O falecido David McClelland, um eminente psicólogo da Universidade Harvard, descobriu que líderes com pontos fortes em uma massa crítica de seis ou mais competências de inteligência emocional eram muito mais eficazes do que colegas desprovidos desses pontos fortes. Por exemplo, ao analisar o desempenho de chefes de um departamento em uma multinacional de alimentos e bebidas, ele descobriu que, entre os líderes com essa massa crítica de competência, 87% ficavam no terço superior em termos de bônus salariais anuais com base em seu desempenho. O aspecto mais revelador: em média, seus departamentos superavam as metas de receita anual em 15% a 20%.

Os executivos desprovidos de inteligência emocional raramente eram classificados como excelentes em suas avaliações de desempenho anuais, e seus departamentos tinham performance inferior em uma média de quase 20%. A pesquisa sobre estilos de liderança se propôs a obter uma visão mais molecular dos vínculos entre liderança e inteligência emocional, e entre clima no ambiente de trabalho e desempenho. Uma equipe de colegas de McClelland, encabeçada por Mary Fontaine e Ruth Jacobs, do que hoje é o Instituto McClelland no escritório de Boston do Hay Group, acompanhou e estudou dados sobre milhares de executivos, observando comportamentos específicos e seu impacto no clima do ambiente corporativo.

De que maneira cada indivíduo motivava os subordinados diretos? Como gerenciava iniciativas de mudança? Como lidava com crises? Foi uma fase posterior da pesquisa que identificou o modo como as capacidades de inteligência emocional impulsionam os seis estilos de liderança. Como ele se classifica em termos de autocontrole e habilidade social? Um líder mostra níveis altos ou baixos de empatia? A equipe testou a esfera de influência imediata de cada executivo para seu clima.

"Clima" não é um termo amorfo. Definido pela primeira vez pelos psicólogos George Litwin e Richard Stringer e mais tarde refinado por McClelland e seus colegas, o conceito se refere a seis fatores-chave que influenciam o ambiente de trabalho de uma organização: sua flexibilidade — isto é, até que ponto os funcionários sentem que têm liberdade para inovar sem os empecilhos da burocracia; o senso de responsabilidade para com a organização; o nível dos padrões definidos pelas pessoas; o senso de precisão do feedback de desempenho e da adequação das recompensas; a clareza que as pessoas têm sobre a missão e os valores; e, por fim, o nível de comprometimento com um propósito comum. Todos os seis estilos de liderança têm um efeito mensurável sobre cada aspecto do clima.

Além disso, quando a equipe de pesquisadores analisou o impacto do clima sobre os resultados financeiros — como retorno sobre vendas, crescimento da receita, eficiência e lucratividade —, encontrou uma correlação direta entre os dois. Líderes que usavam estilos que afetavam de modo positivo o clima tinham resultados financeiros categoricamente melhores do que aqueles que não o faziam. Isso não quer dizer que o clima organizacional seja o único fator determinante do desempenho. As condições econômicas e a dinâmica competitiva são muito relevantes. Mas essa análise sugere de forma robusta que o clima é responsável por quase um terço dos resultados. E isso é significativo demais para ser ignorado.

Os executivos lançam mão de seis estilos de liderança principais, mas apenas quatro dos seis exercem de maneira consistente um efeito positivo no clima e nos resultados. Então, vamos analisar em detalhes cada estilo, começando com o assertivo (ou visionário).

O ESTILO ASSERTIVO

Tom era o vice-presidente de marketing de uma rede nacional de restaurantes especializada em pizza que passava por uma fase ruim. É evidente que o mau desempenho da empresa incomodava os gerentes de alto escalão, mas eles não sabiam o que fazer. Toda segunda-feira, esses gestores se reuniam para analisar as vendas recentes, lutando para encontrar soluções. Para Tom, a abordagem não fazia sentido. "Estávamos sempre tentando descobrir por que nossas vendas haviam despencado na semana anterior. Tínhamos a empresa inteira olhando para trás em vez de descobrir o que tínhamos que fazer no dia seguinte."

Durante uma reunião de estratégia fora da sede da empresa, Tom viu uma oportunidade de mudar a forma como as pessoas pensavam. Nessa reunião externa, a conversa começou com clichês obsoletos: a empresa tinha que aumentar a riqueza dos acionistas e o retorno sobre os ativos. Ele acreditava que esses conceitos não tinham o potencial necessário para inspirar um gerente de restaurante a ser inovador ou a fazer mais do que um trabalho razoável.

Então, Tom tomou uma atitude ousada. No meio da reunião, fez um apelo veemente para que seus colegas pensassem a partir da perspectiva do cliente. "Eles querem conveniência", ele argumentou. A empresa não estava no ramo de restaurantes, mas no de fornecimento de pizzas de alta qualidade e fáceis de comprar. Essa noção, e nada mais, deveria nortear o que a empresa fazia.

Com seu entusiasmo vibrante e visão lúcida — as marcas registradas do estilo assertivo —, Tom preencheu um vácuo de liderança. De fato, seu conceito se tornou o cerne da nova declaração de missão. Mas esse avanço conceitual foi apenas o começo. Ele garantiu que essa declaração fosse incorporada ao processo de planejamento estratégico como impulsionador do crescimento. E assegurou que a visão fosse articulada de modo que os gerentes de restaurantes locais entendessem que eles eram a chave para o sucesso da empresa e ficassem livres para encontrar novas maneiras de distribuir pizzas.

As mudanças ocorreram com rapidez. Em poucas semanas, muitos gerentes locais começaram a definir prazos de entrega novos e mais rápidos. Melhor ainda, começaram a agir como empreendedores, encontrando locais engenhosos para abrir novas filiais: quiosques em esquinas movimentadas e em estações de ônibus e trem, até mesmo com carrinhos em aeroportos e saguões de hotéis.

O sucesso de Tom não foi por acaso. A pesquisa indica que, dos seis estilos de liderança, o assertivo é o mais eficaz, promovendo todos os aspectos do clima. Vejamos a questão da clareza. O líder assertivo é um visionário; ele motiva as pessoas ao deixar evidente para elas como seu trabalho se encaixa em uma visão mais ampla para a organização. Pessoas que trabalham para esses líderes entendem por que aquilo que fazem é importante.

Além disso, a liderança assertiva maximiza o comprometimento com as metas e estratégias da empresa. Ao enquadrar as tarefas individuais no âmbito de uma visão mais abrangente, o líder assertivo define padrões que giram em torno disso. Quando ele dá feedback sobre o desempenho de seus subordinados — seja ele positivo ou negativo —, o critério singular é se esse desempenho reforça ou não a visão. Os padrões para o sucesso — assim como as recompensas — são claros para todos.

Por fim, analisemos o impacto do estilo sobre a flexibilidade. Um líder assertivo estabelece o fim, mas em geral dá às pessoas bastante abertura para que elaborem seus próprios meios. Líderes visionários dão aos seus subordinados a liberdade de inovar, experimentar e correr riscos calculados. Devido ao seu impacto positivo, o estilo funciona bem em quase todas as situações de negócios, mas é particularmente eficaz quando uma empresa está à deriva. Um líder assertivo traça um novo rumo e vende à equipe uma nova visão de longo prazo.

Esse estilo, por mais poderoso que seja, não funcionará em todas as situações. Por exemplo, essa abordagem não funciona se o líder está trabalhando com uma equipe de especialistas ou colegas com mais traquejo do que ele; essas pessoas podem vê-lo como uma figura pomposa ou fora da realidade. Outra limitação: se um gerente que tenta ser assertivo se torna autoritário, pode minar o espírito igualitário de uma equipe eficaz. No entanto, mesmo com essas ressalvas, os líderes seriam sábios ao agarrar com mais frequência o "taco" assertivo. Isso pode não garantir o sucesso na primeira tentativa — como o golfista que acerta o buraco já na tacada inicial —, mas sem dúvida ajuda no longo prazo.

O ESTILO COACH

Uma unidade de produtos em uma multinacional de computadores viu as vendas despencarem — antes vendia duas vezes mais que as concorrentes, agora apenas metade. Foi então que Lawrence, o presidente do departamento de fabricação, decidiu fechar a unidade e redistribuir a equipe e os produtos. Ao receber a notícia, James, chefe da unidade condenada, decidiu passar por cima de seu superior e defender para o CEO sua unidade.

O que Lawrence fez? Em vez de ficar irritado com James, chamou o subordinado rebelde para uma conversa e falou não apenas da decisão de fechar o departamento, mas também do futuro de James. Lawrence lhe explicou que mudar para outra unidade ajudaria James a desenvolver novas habilidades.

Isso o tornaria um líder melhor e lhe ensinaria mais sobre os meandros dos negócios da empresa. Lawrence agiu mais como um conselheiro do que como um chefe tradicional. Ele ouviu as preocupações e esperanças de James e compartilhou as suas próprias. Disse que acreditava que James estava estagnado no cargo atual; afinal, era a única função em que havia trabalhado na empresa. Lawrence previu que, atuando em uma nova posição, com novas atribuições, James floresceria. A conversa então tomou um rumo prático. James ainda não havia conversado com o CEO — aquela reunião que ele tinha exigido de forma impetuosa ao saber do encerramento de sua unidade. Sabendo disso — e tendo também a informação de que o CEO dava apoio incondicional à sua decisão —, Lawrence reservou um tempo para instruir James sobre como apresentar seus argumentos na reunião. "Não é todo dia que se consegue marcar uma audiência com o CEO", ele observou, "então vamos garantir que você o impressione com as suas considerações."

Lawrence aconselhou James a não defender seu caso individual, mas a se concentrar na unidade de negócios: "Se ele achar que você está lá para exaltar suas próprias glórias, vai te expulsar mais rápido do que você entrou pela porta". E o estimulou a apresentar suas ideias por escrito; o CEO sempre gostou disso.

Quais foram as razões para Lawrence orientar James como um coach em vez de repreender o subordinado? "James é um cara legal, muito talentoso e promissor", o executivo nos explicou, "e eu não quero que isso atrapalhe a carreira dele. Quero que ele fique na empresa, que ele se dê bem, que ele aprenda, que se beneficie e cresça como profissional. Só porque ele cometeu um erro, não significa que seja terrível."

As ações de Lawrence são uma ilustração perfeita do estilo coach de liderança. Gestores desse tipo ajudam os funcionários a identificar seus pontos fortes e fracos e a vinculá-los às suas aspirações pessoais e profissionais. Eles os estimulam a estabelecer metas de desenvolvimento de longo prazo e os ajudam a conceber um plano para atingi-las. Fazem acordos com seus subordinados sobre seu papel e suas responsabilidades no cumprimento de planos de desenvolvimento e dão instruções e feedback em abundância.

Os líderes estilo coach são excelentes em delegar; incumbem os funcionários de tarefas difíceis, mesmo que isso signifique que não serão realizadas rapidamente. Em outras palavras, estão dispostos a tolerar fracassos de curto prazo se isso lá na frente fomentar a aprendizagem.

Dos seis estilos de liderança, nossa pesquisa descobriu que o coach é o menos utilizado. Muitos líderes nos disseram que, em meio a esta economia de alta pressão, não há tempo para o lento e tedioso trabalho de ensinar as pessoas e ajudá-las a crescer. Mas, depois de uma primeira sessão, isso requer pouco ou nenhum tempo extra. Os líderes que ignoram esse estilo estão abrindo mão de uma ferramenta poderosa: o perceptível impacto positivo no clima e no desempenho.

Há de se reconhecer que existe um paradoxo no efeito positivo do gestor tipo coach sobre o desempenho da empresa, porque esse estilo de liderança se concentra sobretudo no desenvolvimento pessoal, não em tarefas imediatas relacionadas ao trabalho. Ainda assim, ele melhora os resultados. O motivo: exige um diálogo constante que costuma impulsionar todos os fatores que incrementam o clima. Vejamos a questão da flexibilidade. Quando um funcionário sabe que o chefe o observa e se importa com o que faz, ele se sente livre para experimentar. Afinal, sem dúvida receberá um feedback rápido e construtivo.

Da mesma forma, o diálogo contínuo do líder estilo coach garante que as pessoas saibam o que se espera delas e como seu trabalho se encaixa em uma visão ou estratégia mais ampla. Isso afeta a responsabilidade e a clareza. Quanto ao comprometimento, a liderança desse tipo também ajuda, porque a mensagem implícita é: "Eu acredito em você, invisto em você, espero que dê o melhor de si". Os funcionários muitas vezes aceitam desafios se dedicando de alma, mente e coração.

O estilo funciona bem em muitas situações de negócios, mas talvez seja mais eficaz quando as pessoas que recebem as instruções do líder estão "preparadas para ele". Por exemplo, o coach funciona especialmente bem quando os funcionários já estão cientes dos próprios pontos fracos e gostariam de melhorar o desempenho. Da mesma forma, é positivo quando os funcionários têm consciência de que cultivar novas habilidades pode ajudá-los a progredir. Em suma, é mais benéfico com funcionários dispostos a receber instruções e orientação de um coach.

No entanto, faz pouco sentido quando os subordinados por algum motivo são resistentes a aprender ou a mudar seus hábitos. E fracassará se faltar ao líder a experiência para ajudá-los. O fato é que muitos gerentes não estão familiarizados ou são ineptos em atuar como um líder estilo coach, sobretudo quando se trata de dar um feedback de desempenho contínuo que motive em vez de gerar medo ou apatia.

Algumas empresas perceberam o impacto positivo do estilo e estão tentando torná-lo uma competência essencial. Em algumas, uma parcela significativa dos bônus anuais está vinculada ao desenvolvimento que um executivo promove de seus subordinados diretos. Mas muitas organizações ainda precisam tirar o máximo proveito desse estilo de liderança. Embora possa não alardear "resultados lucrativos", o estilo coach os produz.

O ESTILO AFETIVO

Se o líder assertivo insiste: "Venham comigo", o líder afetivo diz: "As pessoas vêm em primeiro lugar". Esse estilo de liderança gira em torno de pessoas — seus adeptos valorizam os indivíduos e suas emoções mais do que tarefas e objetivos. O líder afetivo se esforça para manter os funcionários felizes e criar harmonia entre eles. Ele administra construindo laços emocionais fortes para colher os benefícios desse enfoque, ou seja, lealdade ferrenha.

O estilo também tem um efeito claramente positivo na comunicação. Pessoas que gostam muito umas das outras conversam muito. Compartilham ideias e inspiração. E o estilo aumenta a flexibilidade; amigos confiam uns nos outros, permitindo inovação frequente e a exposição a riscos. A flexibilidade aumenta também porque o líder afetivo, tal qual um pai que ajusta as regras de casa para um adolescente em fase de amadurecimento, não impõe restrições desnecessárias sobre como os funcionários realizam seu trabalho. Ele dá às pessoas a liberdade de fazer seu trabalho como julgarem mais eficaz.

Quanto a proporcionar uma sensação de reconhecimento e recompensa pelo trabalho bem-feito, o líder afetivo oferece amplo feedback positivo, o que tem um poder especial no ambiente de trabalho por ser raríssimo: exceto pelas avaliações de desempenho anuais, a maioria não costuma receber feedback sobre seus esforços diários — ou recebe apenas o negativo. Isso torna as palavras positivas do líder afetivo ainda mais motivadoras.

Por fim, os líderes afetivos são mestres em construir um senso de pertencimento. Eles são propensos, por exemplo, a convidar seus subordinados diretos para uma refeição ou um happy hour para saber como estão se saindo. Costumam trazer um bolo ao escritório para comemorar uma conquista do grupo. São, por natureza, construtores de relacionamentos.

Joe Torre, que já foi o coração e a alma do time de beisebol New York Yankees, foi um clássico líder afetivo. Durante as partidas decisivas do campeonato mundial de 1999, Torre foi hábil em cuidar da psique de seus jogadores enquanto eles suportavam a pressão emocional de uma disputa pelo título. Ao longo de toda a temporada, fez questão de elogiar Scott Brosius, cujo pai havia falecido havia pouco tempo, por permanecer comprometido apesar do luto.

Na festa de comemoração depois da partida final, Torre procurou em especial o campista direito Paul O'Neill. Embora tivesse recebido a notícia da morte do pai naquela manhã, O'Neill decidiu entrar em campo no jogo decisivo — e caiu em lágrimas assim que a partida terminou. Torre reconheceu a luta pessoal de O'Neill, chamando-o de "guerreiro". Ele também usou os holofotes da comemoração para elogiar dois jogadores cujo retorno no ano seguinte estava ameaçado por divergências contratuais.

Com isso, mandou ao time e ao proprietário do clube a mensagem inequívoca de que valorizava imensamente os jogadores — tanto que não estava disposto a perdê-los.

Além de cuidar das emoções da equipe, um líder afetivo também pode expor de maneira aberta as próprias emoções. No ano em que seu irmão estava à beira da morte, aguardando um transplante de coração, Torre compartilhou suas preocupações com os jogadores. Ele também falou com franqueza sobre seu tratamento de câncer de próstata. O impacto em geral positivo do estilo afetivo faz dele uma boa abordagem para todas as ocasiões, mas ele deve ser empregado sobretudo ao tentar criar harmonia entre a equipe, elevar o moral, melhorar a comunicação ou recuperar a confiança.

Por exemplo, uma executiva foi contratada para substituir um líder inflexível e impiedoso. O gestor anterior assumia os créditos pelo bom trabalho dos funcionários e tentava colocá-los uns contra os outros. Seus esforços de sabotagem acabaram fracassando, mas a equipe estava desconfiada e exausta. A nova executiva conseguiu reparar a situação demonstrando honestidade emocional e reconstruindo laços.

Vários meses depois, sua liderança criou um senso renovado de comprometimento e energia.

Apesar de seus benefícios, o estilo afetivo não deve ser empregado sozinho. Seu foco exclusivo em elogios pode acabar permitindo que o desempenho ruim vigore sem ser corrigido; os funcionários podem perceber que a mediocridade é tolerada. E, como os líderes afetivos raramente oferecem conselhos construtivos sobre como melhorar, isso obriga os subordinados a descobrirem por conta própria como fazer isso. Quando as pessoas precisam de diretrizes claras para lidar com desafios complexos, o estilo afetivo as deixa sem rumo.

De fato, se o grupo confiar em excesso nesse estilo de liderança, pode ser conduzido ao fracasso. Talvez seja por isso que muitos líderes afetivos, incluindo Torre, o adotam junto com o estilo assertivo. Líderes assertivos declaram uma visão, estabelecem padrões e comunicam como o trabalho das pessoas contribui para as metas do grupo. Alterne isso com a abordagem atenciosa, carinhosa e estimulante do líder afetivo e terá uma combinação potente.

O ESTILO DEMOCRÁTICO

A irmã Mary dirigia uma rede de escolas católicas em uma grande região metropolitana. Uma das unidades — a única instituição de ensino particular em um bairro pobre — vinha perdendo dinheiro havia anos, e a arquidiocese não tinha mais condições de mantê-la funcionando. Quando a irmã Mary por fim recebeu a ordem de fechá-la, não aceitou apenas trancar as portas.

Ela convocou todos os professores e funcionários para uma reunião e lhes explicou os detalhes da crise financeira — era a primeira vez que alguém que trabalhava na escola era informado sobre o lado comercial da instituição. Ela pediu a todos que dessem ideias sobre como manter a escola aberta e lidar com o fechamento, caso isso precisasse acontecer. A irmã Mary passou grande parte do tempo apenas ouvindo. E manteve a mesma postura em encontros posteriores com os pais e as mães dos alunos, com a comunidade e nas diversas reuniões com professores e funcionários. Depois de dois meses desses encontros, o consenso era evidente: a escola teria mesmo que fechar as portas. Foi elaborado um plano para transferir alunos para outras instituições católicas.

O resultado não foi diferente do que se a irmã Mary tivesse fechado a escola no dia em que recebeu a ordem. Porém, ao permitir que todas as pessoas da comunidade escolar tomassem essa decisão em conjunto, ela não enfrentou nenhuma das reações adversas que teriam acompanhado o encerramento das atividades da instituição de ensino. As pessoas lamentaram a perda da escola, mas entenderam que era inevitável. Praticamente ninguém se opôs.

Comparemos isso com as experiências de um padre que participou da nossa pesquisa e dirigia outro colégio católico. Ele também foi instruído a fechá-lo. E foi isso que ele fez — por decreto. O resultado foi desastroso: pais e mães de alunos entraram na justiça; professores, pais e mães fizeram piquetes na porta da instituição; jornais locais publicaram editoriais atacando a decisão. Apenas um ano depois as disputas judiciais foram resolvidas e ele pôde enfim encerrar as atividades da escola.

A irmã Mary exemplifica na prática o estilo democrático — e seus benefícios. Ao reservar tempo para ouvir as ideias e obter adesão das pessoas, um líder constrói confiança, respeito e comprometimento. Ao permitir que os próprios funcionários tomem parte nas decisões que afetam suas metas e o modo como trabalham, o líder democrático aumenta a flexibilidade e a responsabilidade. E, ao ouvir as preocupações dos seus subordinados, o líder democrático aprende o que precisa fazer para manter o moral elevado. Por fim, como pode opinar na definição de objetivos e dos padrões considerados para avaliar o sucesso, quem atua em um sistema democrático tende a ser bastante realista sobre o que pode ou não ser realizado.

No entanto, o estilo democrático tem suas desvantagens, e é por isso que seu impacto no clima não é tão alto quanto outros. Uma de suas consequências mais irritantes podem ser reuniões intermináveis nas quais ideias são debatidas à exaustão, o consenso permanece difícil de alcançar e o único resultado visível é marcar mais encontros. Alguns líderes democráticos usam o estilo para postergar a tomada de decisões cruciais, na esperança de que esmiuçar o assunto acabe gerando um insight brilhante. Na verdade, a equipe acaba se sentindo confusa e sem liderança. Essa abordagem pode até mesmo agravar conflitos.

Quando o estilo funciona melhor? Ele é ideal quando o próprio líder não tem certeza de qual é a melhor direção a tomar e precisa de ideias e orientação de funcionários capacitados. Mesmo que um gestor tenha uma visão sólida, o estilo democrático é bom para chegar a novas ideias e como executá-las. Esse estilo, é claro, faz bem menos sentido quando os funcionários não são competentes ou informados o suficiente para oferecer bons conselhos. E é quase desnecessário dizer que, em tempos de crise, construir consenso é um equívoco.

Vejamos o caso de um CEO cuja empresa de computadores foi severamente ameaçada por transformações no mercado. Ele sempre buscou consenso sobre o que fazer. À medida que os concorrentes roubavam clientes e as necessidades dos consumidores mudavam, ele continuava a montar comissões para avaliar a situação. Quando o mercado sofreu uma guinada abrupta por causa de uma nova tecnologia, o CEO ficou paralisado.

O conselho diretor o substituiu antes que ele pudesse nomear outra força-tarefa para examinar a situação. O novo CEO, embora por vezes fosse democrático e afetivo, apoiava-se em grande medida no estilo assertivo, sobretudo em seus primeiros meses.

O ESTILO PIONEIRO

O estilo pioneiro tem um lugar importante no repertório do líder, mas deve ser usado com moderação. Isso pode soar surpreendente. Afinal, as características do estilo pioneiro parecem admiráveis. O líder estabelece o ritmo e define padrões de desempenho extremamente altos, exemplificados por ele mesmo. Ele é obcecado por fazer melhor e mais rápido, e demanda o mesmo de todos a sua volta. Ele logo identifica os funcionários que têm desempenho ruim e exige mais deles. Se não derem conta do recado, são substituídos por quem consegue cumprir as expectativas.

Em tese, essa abordagem melhoraria os resultados, mas não é o que acontece. Na verdade, o estilo pioneiro destrói o clima. Muitos funcionários se sentem sobrecarregados pelas exigências de excelência do líder, e com isso o moral cai. As diretrizes para realizar o trabalho podem estar claras na cabeça do líder, mas ele não as expõe de forma explícita; espera que as pessoas saibam o que fazer e até pensa: "Se eu tiver que explicar o que fazer, é porque é a pessoa errada para a tarefa".

O trabalho se torna não uma questão de dar o melhor de si em um trajeto cristalino, mas de tentar adivinhar o que o líder quer. Ao mesmo tempo, as pessoas muitas vezes sentem que o gestor pioneiro não confia nelas a ponto de deixar que trabalhem como quiserem ou tomem iniciativa. A flexibilidade e a responsabilidade evaporam; o trabalho fica enfadonho por se tornar rotineiro e focado em tarefas. Quanto às recompensas, o líder pioneiro não dá feedback sobre desempenho ou intervém apenas quando acha que está sendo insuficiente. E, quando precisa se ausentar, os funcionários se sentem sem rumo — porque estão muito acostumados com "o especialista" que define as regras. Por fim, esse tipo de liderança resulta em menor comprometimento, porque as pessoas não têm noção de como seus esforços pessoais se encaixam no quadro geral.

Para um exemplo do estilo pioneiro, tomemos o caso de Sam, bioquímico do setor de pesquisa e desenvolvimento (P&D) em uma grande farmacêutica. Sua excelente experiência técnica fez dele uma estrela precoce: era a quem todos recorriam quando precisavam de ajuda. Logo foi promovido a chefe de uma equipe que desenvolvia um novo produto. Os outros cientistas do grupo eram tão competentes e automotivados quanto Sam; seu papel de liderança passou a ser servir de exemplo de como executar um trabalho científico de primeira linha apesar da forte pressão de prazos apertados, contribuindo quando necessário. A equipe concluiu a tarefa em tempo recorde.

No entanto, veio uma nova incumbência: Sam foi colocado no comando de P&D de todo o departamento. À medida que as funções aumentavam — ele se viu encarregado de articular uma visão, coordenar iniciativas, delegar responsabilidades e ajudar a desenvolver outros projetos —, Sam começou a patinar. Por não confiar que seus funcionários eram tão capazes quanto ele, tornou-se controlador, obcecado por detalhes e assumia o lugar dos outros quando o desempenho deles ficava aquém das expectativas. Em vez de confiar que as pessoas poderiam melhorar com orientação e desenvolvimento, Sam se viu trabalhando noites e fins de semana depois de assumir o lugar do chefe de uma equipe de pesquisa em apuros. Por fim, seu próprio superior sugeriu, para seu alívio, que ele retornasse ao cargo antigo, como gestor de uma equipe de desenvolvimento de produtos.

Embora Sam tenha tido um desempenho insuficiente, o estilo pioneiro nem sempre é um desastre.

A abordagem funciona bem quando todos os funcionários são automotivados, extremamente competentes e precisam de pouca direção ou coordenação — por exemplo, pode funcionar com líderes de profissionais bastante qualificados e motivados, como grupos de P&D ou equipes jurídicas. E, diante de um time talentoso, o líder pioneiro faz exatamente isto: assegura que o trabalho seja cumprido no prazo ou até mesmo antes do previsto. No entanto, como qualquer estilo de liderança, estabelecer o ritmo nunca deve ser usado sozinho.

O ESTILO COERCITIVO

Uma empresa de computadores estava mal das pernas, em um cenário de crise — vendas e lucros em queda livre, ações perdendo valor vertiginosamente e acionistas alvoroçados. O conselho diretor contratou um novo CEO que tinha a reputação de ser um "artista da reviravolta". Suas primeiras medidas para tirar a empresa do atoleiro foram cortar empregos, vender divisões e tomar decisões duras que deveriam ter sido implementadas anos antes. A empresa foi salva, pelo menos no curto prazo.

Porém, desde o início o CEO instaurou um reinado de terror, intimidando e humilhando executivos, alardeando seu descontentamento ao menor deslize. Os escalões mais altos da empresa foram dizimados não apenas por demissões erráticas, mas também por deserções. Assustados com a tendência do CEO de culpar de forma arbitrária os portadores de más notícias, os subordinados diretos pararam de lhe levar notícias. O moral da empresa atingiu o ponto mais baixo de todos os tempos — fato refletido em outra retração nos negócios após a recuperação de curto prazo. O CEO acabou sendo demitido pelo conselho de diretores.

É fácil entender por que, na maioria das situações, o coercitivo é o menos eficaz entre todos os estilos de liderança. Precisamos considerar como o estilo afeta o clima de uma organização. A flexibilidade é o aspecto mais impactado. Ao tomar decisões extremas de cima para baixo, esse líder mata novas ideias ainda na raiz. As pessoas se sentem tão desrespeitadas que pensam: "Eu não vou nem apresentar minhas ideias — elas só serão rejeitadas". Da mesma forma, o senso de responsabilidade evapora: incapazes de agir por iniciativa própria, os funcionários perdem a noção de participação efetiva e sentem pouca responsabilidade por seu desempenho. Alguns ficam tão ressentidos que adotam a atitude "eu não vou ajudar esse desgraçado".

A liderança coercitiva também tem um efeito nocivo no sistema de recompensas. A maioria dos funcionários de alto desempenho é motivada por mais do que apenas dinheiro — buscam a satisfação de um trabalho bem-feito. O estilo coercitivo corrói esse orgulho. E, por fim, enfraquece uma das principais ferramentas do líder — motivar as pessoas mostrando a elas como seu trabalho se encaixa em uma missão compartilhada mais ampla. Essa perda, medida em termos de redução de clareza e de comprometimento, deixa as pessoas distantes de seu próprio trabalho, perguntando a si mesmas: "Mas isso tudo importa, afinal?".

Levando-se em conta o impacto do estilo coercitivo, seria de presumir que se trata de uma estratégia que nunca deveria ser aplicada. A pesquisa, no entanto, descobriu algumas ocasiões em que funcionou bastante bem.

Tomemos o caso de um presidente de departamento que foi contratado para mudar os rumos de uma empresa de alimentos que perdia dinheiro. Sua primeira medida foi mandar demolir a sala de reuniões. Para ele, a sala — com sua longa mesa de mármore que parecia "o convés da nave Enterprise" — simbolizava a formalidade atrelada à tradição que paralisava a empresa. Essa ação e a subsequente transferência para um ambiente menor e mais informal transmitiram uma mensagem impossível de ser ignorada e, como resultado, a cultura do departamento sofreu uma rápida transformação.

Diante disso, o estilo coercitivo deve ser usado apenas com extrema cautela e quando for absolutamente imperativo, como durante um processo de recuperação da empresa ou no caso de uma aquisição hostil iminente. Nesses exemplos, o estilo pode romper hábitos comerciais fracassados e levar as pessoas a novas formas de trabalhar. É sempre apropriado durante uma emergência real, como depois de um terremoto ou incêndio. E pode funcionar no caso de funcionários problemáticos, com quem todo o resto fracassou.

Mas se um líder confia apenas nesse estilo ou continua a usá-lo depois de a emergência ter passado, o impacto de sua insensibilidade ao moral e aos sentimentos dos seus subordinados será desastroso no longo prazo.

LÍDERES PRECISAM DE MUITOS ESTILOS

Diversos estudos, incluindo este, mostraram que, quanto maior o repertório de estilos de um líder, melhor. Gestores que dominam quatro ou mais — sobretudo assertivo, democrático, afetivo e coach — conseguem criar um clima melhor e obter um desempenho mais alto no contexto empresarial. E os mais eficazes alternam de maneira flexível estilos de liderança, conforme o necessário. Embora isso possa parecer assustador, é algo que testemunhamos com mais frequência do que imaginamos, tanto em grandes corporações quanto em pequenas startups; tanto entre veteranos experientes capazes de explicar exatamente como e por que lideram quanto entre empreendedores que afirmam gerenciar apenas por instinto.

Esses líderes não adaptam de maneira mecânica seu estilo para corresponder a uma lista de situações — eles são muito mais fluidos. São extremamente sensíveis ao impacto que causam nos outros e ajustam — à perfeição e sem dificuldades — seu estilo para obter os melhores resultados. São líderes, por exemplo, capazes de perceber já nos primeiros minutos de conversa que uma funcionária talentosa, mas com desempenho abaixo da expectativa, foi desmoralizada por um gerente antipático e autoritário do tipo "faça as coisas do jeito que eu estou mandando" e que agora deve ser inspirada de novo ao ser lembrada de que seu trabalho é importante. Ou esse líder pode optar por reenergizar a funcionária perguntando sobre seus sonhos e suas aspirações e encontrando maneiras de tornar as funções dela mais instigantes. Ou, ainda, pode ser que essa conversa inicial sinalize que ela precisa de um ultimato: melhore ou vá embora.

Para um exemplo prático de liderança fluida, vejamos o caso de Joan, a gerente geral de um departamento importante em uma gigante global de alimentos e bebidas. Ela foi nomeada para o cargo quando o grupo estava afundado em uma crise profunda — há seis anos sem atingir metas de lucro; no último ano, estava 50 milhões de dólares abaixo do almejado. O moral entre a equipe de alta gerência era terrível; a desconfiança e os ressentimentos corriam desenfreados.

A diretiva que Joan recebeu da alta cúpula era bastante clara: tirar o departamento do fundo do poço. Ela fez isso com uma agilidade raríssima ao trocar estilos de liderança. Desde o início, percebeu que dispunha de pouco tempo para demonstrar uma gestão eficaz e criar um ambiente de afinidade e confiança. Ela sabia também que precisava ser informada com urgência sobre o que não estava funcionando, então sua primeira tarefa foi ouvir as pessoas-chave.

Durante sua primeira semana no cargo, Joan marcou almoços e jantares com cada membro da equipe de gestão. Ela queria ouvir as impressões deles sobre a situação da empresa. Contudo, seu foco não era tanto saber como cada um diagnosticava o problema, mas conhecê-los como indivíduo. Aqui, ela empregou o estilo afetivo: se aprofundou na vida dos funcionários, aprendeu sobre seus sonhos e suas aspirações.

Ela assumiu também o papel de coach, procurando maneiras de ajudar os membros da equipe a alcançar o que queriam para a própria carreira. Por exemplo, um gerente que recebia como feedback que era péssimo em trabalho em equipe confidenciou a ela suas preocupações. Ele se considerava um bom membro de grupo, mas era atormentado por reclamações persistentes. Reconhecendo que tinha diante de si um executivo talentoso e um ativo valioso para a empresa, Joan fez um acordo: ela indicaria a ele (em particular) quando suas ações prejudicassem que ele fosse visto como alguém que atua bem em equipe.

Após essas conversas individuais, ela marcou um encontro fora da sede da empresa que duraria três dias. Seu objetivo era formar uma equipe entrosada, para que todos tivessem um papel relevante em qualquer solução que surgisse para os problemas da empresa. Nessa reunião externa, sua postura inicial foi a de uma líder democrática. Ela estimulou todos a expressarem livremente suas frustrações e reclamações.

No dia seguinte, fez o grupo se concentrar em soluções: cada pessoa apresentou três propostas específicas para o que precisava ser feito. À medida que compilava as sugestões, ficou evidente que havia um consenso natural entre as prioridades, por exemplo cortar custos. Conforme o grupo propunha planos de ação específicos, Joan obtinha o comprometimento e a adesão que buscava.

Empregando essa visão, ela mudou para o estilo assertivo, atribuindo a determinados executivos uma série de incumbências para as etapas seguintes e responsabilizando-os pelo que precisava ser feito. Por exemplo, o departamento vinha reduzindo preços sem aumentar a quantidade de produtos. Uma solução óbvia seria elevar os preços, mas o vice-presidente de vendas anterior hesitou e deixou o problema se agravar. Agora, o novo vice-presidente era responsável por ajustar os valores para corrigir o problema.

Nos meses seguintes, a principal postura de Joan foi o estilo assertivo. Ela articulava continuamente a nova visão do grupo de modo a lembrar a cada membro o papel crucial que tinha para a empresa atingir as metas. E, em especial durante as primeiras semanas da implementação do plano, ela sentiu que a urgência da crise justificava uma ocasional mudança para o estilo coercitivo, caso alguém negligenciasse suas responsabilidades. Nas palavras dela: "Eu tinha que ser brutal nesse acompanhamento e garantir que as coisas acontecessem. Era necessário disciplina e foco".

Os resultados? Todos os aspectos do clima melhoraram. As pessoas inovavam. Falavam sobre os ideais do departamento e se gabavam de seu comprometimento com as novas metas bem definidas. A prova definitiva do estilo de liderança fluido de Joan está nos resultados financeiros positivos: depois de apenas sete meses, o departamento excedeu em 5 milhões de dólares a meta de lucro anual.

EXPANDIR O REPERTÓRIO

Poucos líderes, é claro, dominam os seis estilos, e existem menos ainda que sabem quando e como utilizá-los. Verdade seja dita, quando essas descobertas foram mostradas a líderes de diversas organizações, algumas das respostas mais comuns foram: "Mas eu tenho apenas dois!" e "Não posso usar todos os estilos. Não seria natural".

Esses sentimentos são compreensíveis e, em alguns casos, o antídoto é relativamente simples. O líder pode montar uma equipe com membros que empregam estilos que ele não tem. Vejamos o caso da vice-presidente de uma fábrica. Ela administrava com êxito um sistema de manufatura global recorrendo em grande medida ao estilo afetivo. Viajava com frequência, sempre se reunindo com gerentes, atendia suas preocupações urgentes e deixava claro o quanto se importava com eles individualmente.

Ela delegou a estratégia do departamento — eficiência extrema — a um assistente de confiança com um conhecimento bastante amplo de tecnologia; os padrões de desempenho ficaram a cargo de um colega que era adepto da abordagem assertiva. A vice-presidente também tinha em sua equipe um líder que usava o estilo pioneiro, que sempre a acompanhava nas visitas às fábricas.

Uma abordagem alternativa, e que eu recomendaria com vigor, é que os líderes expandam seus próprios repertórios de estilo. Para isso, devem primeiro entender quais competências de inteligência emocional fundamentam os estilos de liderança que não têm. Aí poderão trabalhar com afinco para aumentá-las. Por exemplo, um líder afetivo tem pontos fortes em três competências de inteligência emocional: empatia, construção de relacionamentos e comunicação.

A empatia — perceber como as pessoas estão se sentindo no momento — permite que o líder afetivo responda aos funcionários de uma forma que seja bastante congruente com as emoções de cada um, construindo assim um relacionamento. Ele também demonstra uma facilidade natural em desenvolver novas relações, conhecer alguém em nível pessoal e cultivar um vínculo.

Por fim, o líder afetivo excepcional domina a arte da comunicação interpessoal, sobretudo no que diz respeito a falar a coisa certa ou fazer o gesto simbólico adequado no momento correto. Assim, se você é sobretudo um líder pioneiro e quer ser capaz de usar o estilo afetivo com mais frequência, precisará melhorar seu nível de empatia e, talvez, suas habilidades em construir relacionamentos ou se comunicar de maneira eficiente.

Outro exemplo é o de um líder assertivo disposto a adicionar a seu repertório o estilo democrático — ele talvez precise trabalhar nas capacidades de colaboração e comunicação.

Hora a hora, dia a dia, semana a semana, os executivos devem usar seus estilos de liderança como tacos de golfe, o taco adequado na hora certa e na medida exata. A recompensa está nos resultados.

Texto adaptado da *Harvard Business Review*.

Estilos de liderança

Estilo de liderança	Como ele repercute	Impacto no clima	Quando é apropriado
Visionário (Assertivo)	Move as pessoas em direção a um sonho compartilhado	↑↑	Quando a mudança requer uma nova visão ou há a necessidade de um rumo claramente definido
Coach	Conecta as vontades de uma pessoa com os objetivos da equipe	↑↑	Para ajudar alguém a contribuir de forma mais eficaz com a equipe
Afetivo	Cria harmonia ao conectar as pessoas	↑	Para curar as fissuras em uma equipe, motivar em momentos de estresse ou fortalecer relações
Democrático	Valoriza a contribuição das pessoas/obtém comprometimento	↑	Para construir adesão ou consenso, ou obter contribuições valiosas dos membros da equipe
Pioneiro	Estabelece metas desafiadoras e empolgantes	↓↓	Para obter resultados de alta qualidade de uma equipe motivada e competente
Autoritário (Coercitivo)	Abranda os medos ao fornecer uma direção clara em uma emergência	↓↓	Em uma crise, para dar o pontapé inicial no processo de recuperação de uma empresa

5. QI de grupo

A economia atual é bastante impulsionada por trabalhadores do conhecimento, pessoas cuja produtividade é marcada pela adição de valor às informações — seja como analistas de mercado, escritores ou programadores. Peter Drucker, que cunhou o termo "trabalhadores do conhecimento", aponta que a expertise deles é extremamente especializada e que sua produtividade depende de seus esforços serem coordenados como parte de uma equipe organizacional. Escritores não são editores; programadores não são distribuidores de software. Drucker observa que, embora as pessoas sempre tenham trabalhado em conjunto, com o trabalho de conhecimento "são as equipes, e não o próprio indivíduo, que se tornam a unidade de trabalho". E isso explica por que, na economia atual, a inteligência emocional, como o conjunto de habilidades que ajudam as pessoas a manterem a harmonia, é cada vez mais valorizada como um ativo no ambiente de trabalho.

Talvez a forma mais rudimentar de trabalho em equipe numa organização seja a reunião, essa parte inescapável do destino de um executivo — em uma sala de diretoria, por teleconferência, no escritório de alguém. As reuniões são apenas o exemplo mais óbvio e um tanto antiquado de como o trabalho é compartilhado — também por meios eletrônicos, e- -mail, videoconferências, equipes de trabalho, redes informais e coisas do gênero. Na medida em que a hierarquia explícita mapeada em um organograma é o esqueleto de uma organização, esses pontos de contato humano são o seu sistema nervoso central.

Sempre que as pessoas se juntam para colaborar, seja em uma reunião de planejamento executivo ou como uma equipe trabalhando para chegar a um produto compartilhado, há um sentido muito concreto em que elas têm um QI de grupo, a soma total dos talentos e das habilidades de todos os envolvidos. E o êxito com que realizarão a tarefa será determinado pelo nível desse QI. No fim, fica claro que o elemento mais importante na inteligência de grupo não é o QI médio no sentido acadêmico, mas em termos de inteligência emocional. A chave para um alto QI de grupo é a harmonia social. É essa capacidade de harmonizar que, caso se mantenha a igualdade de todas as outras condições, fará com que uma equipe se mostre especialmente talentosa, produtiva e bem-sucedida, e outra — com membros cujos talentos e aptidões são iguais em outros aspectos — se saia mal.

A ideia de que existe uma inteligência de grupo vem de Robert Sternberg, psicólogo de Yale, e Wendy Williams, sua ex-aluna de pós-graduação, que buscaram entender por que algumas equipes são muito mais eficazes do que outras.[1] Afinal, quando as pessoas se reúnem para trabalhar como um grupo, cada uma traz consigo certos talentos — por exemplo alta fluência verbal, criatividade, empatia ou conhecimento técnico. Embora um time não possa ser "mais inteligente" do que a soma total de todos esses pontos fortes específicos, pode ser muito mais burro se o funcionamento interno não permitir que as pessoas compartilhem seus talentos.

Essa máxima ficou evidente quando Sternberg e Williams recrutaram indivíduos para participar de grupos que receberam o desafio criativo de elaborar uma campanha publicitária para um adoçante fictício que se mostrava promissor como substituto do açúcar.

Uma surpresa foi que as pessoas que estavam entusiasmadas demais para participar eram um fardo, reduzindo o desempenho geral; eram controladoras ou dominadoras em excesso. A elas parecia faltar um elemento básico de inteligência social, a capacidade de reconhecer, na troca de ideias, o que servia ou não. Outro ponto negativo era ter um peso morto, membros que não participavam da atividade.

O fator mais importante para maximizar a excelência do produto de um grupo estava no grau em que os participantes eram capazes de criar um estado de harmonia interna, de modo a permitir que o talento de cada um fosse aproveitado. Ter um membro muito talentoso contribuía para o desempenho geral de grupos harmoniosos; os com mais atrito foram bem menos capazes de capitalizar membros bastante habilidosos. Em grupos onde há altos níveis de estática emocional e social — seja por medo ou raiva, rivalidades ou ressentimentos —, as pessoas não conseguem dar o melhor de si. Mas a harmonia permite que um time aproveite ao máximo as aptidões de seus membros mais criativos e talentosos.

Embora a moral dessa história seja bastante clara para, digamos, equipes de trabalho, ela tem uma implicação mais geral para qualquer indivíduo que atue numa organização. Muitas coisas que as pessoas fazem no trabalho dependem de sua capacidade de recorrer a uma rede instável de colegas; tarefas distintas podem significar buscar membros diversos da rede profissional. Na verdade, isso possibilita a criação de grupos temporários para realizar tarefas específicas, com membros adaptados sob medida para oferecer uma variedade ideal de talentos, conhecimento técnico especializado e colocação. A capacidade das pessoas de "formarem" uma rede — na verdade, transformá-la em uma equipe temporária com uma finalidade específica — é um fator crucial para o sucesso no trabalho.

Vejamos, por exemplo, um clássico estudo com profissionais formidáveis realizado por Bell Labs, um *think tank* científico nos arredores de Princeton operado pela antiga AT&T, quando ainda era um monopólio telefônico. Esses laboratórios empregam engenheiros e cientistas que ocupam o topo dos testes de QI acadêmico. Porém, nesse aglomerado de talentos, alguns indivíduos se destacam como estrelas, ao passo que outros são apenas medianos em sua produção. O que faz a diferença não é o QI acadêmico, mas o emocional. Eles têm maior capacidade de se motivar e transformar suas redes informais em equipes temporárias para tarefas específicas.

Foram estudadas as "estrelas" de um departamento que cria e projeta os interruptores eletrônicos que controlam os sistemas telefônicos — uma peça altamente sofisticada e que exige engenharia eletrônica.[2] Como o trabalho está além da capacidade individual de qualquer um, é feito em equipes cujo número de membros pode variar de cinco até 150 engenheiros. Ninguém sabe o suficiente para fazer o trabalho sozinho; para ser bem-sucedido é necessário aproveitar o conhecimento especializado de outras pessoas. Para descobrir qual era a diferença entre os que tinham alta produtividade e aqueles cuja produção era apenas mediana, Robert Kelley e Janet Caplan pediram a gerentes e colegas que citassem os nomes dos 10% a 15% dos engenheiros que se destacavam como estrelas.

Quando compararam as estrelas aos demais, a descoberta mais impactante, a princípio, foi a escassez de diferenças entre os dois grupos. "Com base em uma ampla gama de medidas cognitivas e sociais, de testes-padrão de QI a inventários de personalidade, há pouca diferença significativa em termos de habilidades inatas", Kelley e Caplan escreveram na *Harvard Business Review*. "Ao longo do tempo, o talento acadêmico não foi um bom indicador de produtividade no trabalho", tampouco o QI.

No entanto, após entrevistas detalhadas, as diferenças decisivas apareceram nas estratégias internas e interpessoais que as "estrelas" utilizavam para realizar o trabalho. Uma das mais importantes era o relacionamento que mantinham com uma rede de pessoas-chave. As coisas correm com mais facilidade para os profissionais de maior destaque porque eles dedicam tempo ao cultivo de bons relacionamentos com quem pode ser necessário em uma situação crítica, como parte de uma equipe instantânea criada de forma emergencial para resolver um problema específico ou lidar com uma crise.

"Um funcionário de escalão médio do Bell Labs falou sobre uma ocasião em que seu trabalho teve de ser paralisado por causa de um problema técnico", Kelley e Caplan observaram. "Estarrecido, ele acionou de maneira diligente vários gurus técnicos e aguardou, desperdiçando um tempo valioso enquanto ninguém ligava de volta ou respondia a seus e-mails. No entanto, os profissionais de maior destaque raramente enfrentam essas situações, porque construíam redes confiáveis antes de realmente precisar delas. Quando telefonam para alguém atrás de conselhos, as estrelas quase sempre recebem uma resposta mais rápida."

Redes informais são decisivas sobretudo para lidar com problemas imprevistos. "A organização formal é configurada para lidar com problemas fáceis de prever", observa um estudo dessas redes. "Mas, quando surgem problemas inesperados, a organização informal entra em ação. Sua complexa teia de laços sociais se forma toda vez que os colegas se comunicam e se solidifica ao longo do tempo em redes surpreendentemente estáveis. Bastante adaptáveis, as redes informais se movem de maneira diagonal e elíptica, pulando funções dentro da hierarquia para fazer com que as coisas aconteçam."[3]

A análise de redes informais mostra que, ainda que trabalhem juntas no dia a dia, as pessoas não necessariamente irão confiar a outras informações delicadas (como o desejo de mudar de emprego ou o ressentimento sobre como um gerente ou um colega se comporta), tampouco recorrerão a elas em momentos de crise. De fato, uma visão mais sofisticada das redes informais mostra que há pelo menos três variedades: redes de comunicação (quem fala com quem); de conhecimento especializado, baseadas nas pessoas a quem buscamos para consultas técnicas; e de confiança.

Ser um nódulo principal na rede de conhecimento especializado significa que a pessoa será conhecida pela excelência técnica, o que geralmente leva a uma promoção. Mas quase não há nenhuma relação entre ser um especialista e ser visto como alguém a quem as pessoas podem confidenciar segredos, dúvidas e vulnerabilidades. Um tirano mesquinho ou um controlador pode ter bastante experiência, mas será tão pouco confiável que isso arruinará sua capacidade de gerenciar e na prática o excluirá de redes informais. As estrelas de uma organização em geral são aquelas que têm conexões robustas em todas as redes, sejam elas de comunicação, de conhecimento especializado ou de confiança.

Além dessas redes essenciais, entre outras formas de conhecimento organizacional que as estrelas do Bell Labs dominavam incluíam-se coordenar de maneira efetiva os esforços no trabalho em equipe; liderar a construção de consenso; ser capaz de ver as coisas da perspectiva de outros, sejam clientes ou integrantes de um time; ser capaz de persuadir; e incentivar a cooperação, evitando conflitos. Embora todos esses elementos dependam de habilidades sociais, as estrelas demonstravam também a capacidade de tomar a iniciativa — ter automotivação o suficiente para assumir responsabilidades acima e além de suas atribuições oficiais — e autogerir no sentido de regular bem seu tempo e os compromissos profissionais. Todas essas aptidões, claro está, são aspectos da inteligência emocional.

Há fortes sinais de que o que ocorre no Bell Labs seja um presságio para o futuro de toda a vida corporativa, um porvir em que as habilidades básicas de inteligência emocional serão cada vez mais importantes — no trabalho em equipe, na cooperação e ao ajudar as pessoas a aprenderem juntas como atuar de forma mais eficiente. Os serviços baseados em conhecimento e capital intelectual são essenciais para as corporações, e melhorar a maneira como as pessoas trabalham juntas é uma forma importante de alavancar o capital intelectual, o que resulta numa diferença competitiva fundamental. Para prosperar, quando não sobreviver, as corporações fariam bem em impulsionar sua inteligência emocional coletiva.

Texto adaptado de *Inteligência emocional*.

6. Liderança primordial

Grandes líderes mexem com as nossas emoções. Eles acendem nossa paixão e inspiram o melhor que há em nós. Quando tentamos explicar por que são tão eficazes, falamos de estratégia, visão ou ideias poderosas. Mas a realidade é muito mais simples: uma grande liderança funciona por meio das emoções.

Não importa o que os líderes se proponham a fazer — seja formular estratégias ou mobilizar equipes para a ação —, seu êxito vai depender de *como* fazem isso. Ainda que acertem em todo o resto, se fracassarem na tarefa primordial de conduzir as emoções na direção certa, nada do que for feito funcionará tão bem quanto poderia ou deveria.

Tomemos como exemplo um momento crucial para um departamento de notícias da BBC, a gigante da mídia britânica, que foi criado como um experimento e, embora seus cerca de duzentos jornalistas e editores acreditassem ter dado o melhor de si, os gestores decidiram que teria de ser fechado.

Não ajudou em nada que o executivo incumbido de dar a notícia à equipe começou com um efusivo relato no qual elogiava o tremendo sucesso das empresas rivais, e em seguida contou que tinha acabado de retornar de uma viagem maravilhosa a Cannes. A notícia em si já era bastante ruim, mas a forma brusca e até mesmo ofensiva do executivo incitou algo além da frustração esperada. As pessoas ficaram furiosas — não apenas com a decisão dos gerentes, mas também com o próprio portador da notícia. A verdade é que a atmosfera se tornou tão hostil que parecia que o executivo teria de chamar a segurança para sair intacto da sala.

No dia seguinte, outro executivo visitou a mesma equipe. Ele adotou uma abordagem muito diferente. Falou com sinceridade sobre a importância crucial do jornalismo para o dinamismo de uma sociedade e sobre a vocação que atraiu aqueles profissionais para atuar nesse ramo. Ele fez questão de lembrar que ninguém entra no jornalismo para ficar rico — nessa profissão, o lado financeiro sempre ficou em segundo plano, a estabilidade no emprego oscilava com o vaivém das marés de fatores macroeconômicos. E ele invocou a paixão, até mesmo a dedicação, que os jornalistas tinham pelo serviço que ofereciam. Por fim, desejou a todos boa sorte na carreira.

Quando esse líder terminou de falar, a equipe aplaudiu.

A diferença entre os líderes era perceptível no estado de espírito e no tom com que transmitiram a mensagem: um despertou no grupo sentimentos de antagonismo e hostilidade; o outro instigou otimismo, até mesmo inspiração, diante das adversidades. Esses dois momentos apontam para uma dimensão oculta, mas decisiva, da liderança — o impacto emocional do que um líder diz e faz.

Embora a maioria das pessoas reconheça que o estado de ânimo de um líder — e como ele ou ela influencia o humor dos outros — desempenha um papel significativo em qualquer organização, as emoções em geral são vistas como pessoais demais ou impossíveis de quantificar para serem objeto de um debate sério. Porém, pesquisas no campo da emoção renderam noções muito perspicazes não apenas sobre como medir o impacto das emoções de um líder, mas também como os melhores líderes encontraram maneiras eficazes de entender e aprimorar o modo de lidar com suas próprias emoções e as de outras pessoas. Entender o poderoso papel das emoções no ambiente de trabalho diferencia os melhores líderes dos demais — não apenas em aspectos tangíveis, como resultados melhores nos negócios e retenção de talentos, mas também em aspectos intangíveis importantíssimos, como moral mais elevado e maior motivação e comprometimento.

A DIMENSÃO PRIMORDIAL

Essa tarefa emocional do líder é *primordial* — isto é, *primeira* — em dois sentidos: é ao mesmo tempo o ato original e o mais importante da liderança. Gestores sempre desempenharam um papel emocional primordial. Sem dúvida, os líderes primitivos da humanidade — fossem chefes tribais ou xamãs — conquistaram seu lugar em grande medida pelo fato de sua liderança ser envolvente e convincente do ponto de vista emocional. Ao longo da história e em culturas de todo o mundo, o líder de qualquer grupo humano é aquele a quem os outros recorrem para encontrar segurança e lucidez ao enfrentar incertezas ou ameaças, ou quando há um trabalho a ser feito. O líder atua como o guia emocional do grupo.

Nas organizações modernas, essa tarefa emocional primordial — ainda que, a essa altura, quase invisível — continua sendo a principal entre as muitas tarefas de liderança: conduzir as emoções coletivas em uma direção positiva e dissolver a névoa criada por emoções tóxicas. Essa tarefa se aplica à liderança em todos os lugares, da sala de reuniões ao chão de fábrica.

Para dizer de maneira simples: em qualquer grupo humano, o líder tem o poder máximo de influenciar as emoções de todos. Se forem levadas para o entusiasmo, o desempenho pode disparar; se forem empurradas para o rancor e a ansiedade, as pessoas sairão dos eixos e perderão o rumo. Isso indica outro aspecto importante da liderança primordial: seus efeitos vão além de garantir que um trabalho seja bem-feito. Os seguidores também buscam no líder um vínculo emocional — ou seja, a empatia. Toda liderança inclui essa dimensão primordial, para o bem ou para o mal. Quando conduzem as emoções de maneira positiva, como no caso do segundo executivo da BBC, trazem à tona o que todas as pessoas têm de melhor. Chamamos esse efeito de *ressonância*. Quando conduzem as emoções de maneira negativa, como no caso do primeiro executivo, os líderes geram *dissonância*, minando as bases emocionais que permitem que as pessoas brilhem. Se uma organização vai murchar ou florescer dependerá, em larga medida, do quão eficazes serão os líderes nessa dimensão emocional primordial.

É óbvio que o mais importante para fazer a liderança primordial funcionar em benefício de todos está nas competências em inteligência emocional: como os líderes lidam consigo mesmos e com seus relacionamentos. Os que maximizam os benefícios da liderança primordial conduzem as emoções de seus subordinados na direção certa.

Como tudo isso funciona? Estudos do cérebro revelam os mecanismos neurológicos da liderança primordial e elucidam por que as habilidades de inteligência emocional são tão importantes.

O CIRCUITO ABERTO

O motivo pelo qual é importante o comportamento de um líder — não apenas o *que* ele faz, mas *como* faz — está no design do cérebro humano: chamado pelos cientistas de "a natureza de circuito aberto do sistema límbico", nossos centros emocionais. Um sistema de circuito fechado, como o circulatório, é autorregulado; o que ocorre no sistema circulatório de outras pessoas a nossa volta não afeta o nosso. Por sua vez, um sistema de circuito aberto depende de forma ampla de fontes externas para sua regulação.

Em outras palavras, dependemos de conexões com outras pessoas para manter nossa própria estabilidade emocional. Sem dúvida, o sistema límbico de circuito aberto foi um design vitorioso na evolução, uma vez que permite que as pessoas prestem socorro emocional umas às outras — possibilitando, por exemplo, que uma mãe acalme seu bebê que chora, ou que a sentinela de um bando de primatas sinalize assim que percebe uma ameaça.

Apesar do verniz de nossa civilização avançada, o princípio do circuito aberto ainda se mantém. Pesquisas em unidades de terapia intensiva mostraram que a presença reconfortante de outra pessoa não apenas reduz a pressão arterial do paciente, mas também retarda a secreção de ácidos graxos que entopem as artérias.[1] Em termos mais impactantes, enquanto três ou mais incidentes de estresse intenso ao longo de um ano (digamos, graves problemas financeiros, uma demissão ou um divórcio) triplicam a taxa de mortalidade em homens de meia-idade isolados socialmente, esses episódios não têm *nenhum impacto* na taxa de mortalidade de homens que cultivam muitos relacionamentos próximos.[2]

Os cientistas descrevem o circuito aberto como "regulação límbica interpessoal", por meio da qual um indivíduo transmite sinais que podem alterar os níveis hormonais, a função cardiovascular, os ritmos do sono e até mesmo a função imunológica dentro do corpo de outra pessoa.[3]

É assim que casais apaixonados conseguem desencadear no cérebro um do outro surtos de ocitocina, o que cria uma sensação agradável e afetuosa. Porém, em todos os aspectos da vida social — não apenas nos relacionamentos amorosos —, nossa fisiologia se mistura à da pessoa com quem estamos, e nossas emoções mudam de maneira automática para o registro do outro.

O design de circuito aberto do sistema límbico significa que outros podem alterar nossa fisiologia — e, portanto, nossas emoções.

Embora o circuito aberto seja uma parte tão importante de nossa vida, em geral não notamos o processo em si. Cientistas capturaram essa sintonia de emoções em laboratório medindo a fisiologia — por exemplo, a frequência cardíaca — de duas pessoas durante uma boa conversa. Quando o diálogo começa, o corpo de cada um funciona em seu próprio ritmo. Mas, ao final de um simples bate-papo de quinze minutos, seus perfis fisiológicos parecem extraordinariamente semelhantes — um fenômeno chamado *espelhamento*. Esse "entrosamento" ocorre com força durante a espiral descendente de um conflito, quando a raiva e a mágoa reverberam, mas também acontece de modo mais sutil durante interações agradáveis.[4] Isso quase não ocorre durante uma discussão emocionalmente neutra. Pesquisadores constataram repetidas vezes que as emoções se espalham dessa forma irresistível sempre que as pessoas estão próximas umas das outras, mesmo que o contato seja apenas não verbal. Por exemplo, quando três desconhecidos ficam sentados um de frente para o outro em silêncio por um ou dois minutos, o mais expressivo em termos emocionais transmite seu estado de espírito aos outros dois — sem dizer uma única palavra.[5] O mesmo efeito ocorre no escritório, na sala de reuniões ou no chão de fábrica; é inevitável que pessoas em grupos no trabalho "peguem" sentimentos umas das outras, compartilhando tudo, desde ciúme e inveja até angústia ou euforia. Quanto mais coeso o grupo, mais forte o compartilhamento de estados de espírito, histórico emocional e, até mesmo, assuntos polêmicos.[6]

Por exemplo, em setenta equipes de trabalho em diversos setores de atividade, as pessoas que participavam juntas de reuniões, sentadas lado a lado durante duas horas, acabavam compartilhando estados de espírito — bom humor ou desânimo.[7] Enfermeiros e até mesmo contadores cujo estado de espírito foi monitorado durante semanas ou a cada duas horas enquanto trabalhavam juntos mostraram emoções similares — e estados de ânimo compartilhados pelas pessoas do grupo eram em grande parte desvinculados dos aborrecimentos e problemas que elas enfrentavam.[8] Estudos sobre equipes esportivas profissionais revelam resultados semelhantes: não importa os altos e baixos do desempenho do time, os jogadores tendem a sincronizar os humores ao longo de um período de dias e semanas.[9]

CONTÁGIO E LIDERANÇA

A interação contínua de circuitos abertos límbicos entre os membros de um grupo cria uma espécie de mistura emocional, à qual cada indivíduo adiciona seu próprio sabor. Mas é o líder que acrescenta o tempero mais forte. Por quê? Por causa da realidade duradoura dos negócios: todo mundo fica de olho no chefe. As pessoas recebem dicas emocionais de cima para baixo. Mesmo quando o chefe não é muito visível — por exemplo, o CEO que trabalha a portas fechadas em um andar superior —, a atitude dele afeta o estado de ânimo de seus subordinados diretos, e um efeito dominó se espalha por todo o clima emocional da empresa.[10]

Observações cuidadosas de grupos de trabalho em ação revelaram várias maneiras pelas quais o líder desempenha um papel tão fundamental na determinação das emoções compartilhadas.[11] Em geral, os líderes falavam mais do que qualquer outra pessoa, e o que diziam era ouvido com mais atenção. Eles também costumavam ser os primeiros a abordar determinado assunto e, quando outras pessoas comentavam, quase sempre se referiam mais ao que o líder havia dito do que a outras observações. Como as opiniões de líderes têm um peso especial, eles "gerenciam significados" para um grupo, oferecendo uma maneira de interpretar e, assim, reagir emocionalmente a determinada situação.[12]

Mas o impacto nas emoções vai além do que eles dizem. Nesses estudos, mesmo quando não estavam falando, os líderes eram observados com mais atenção do que qualquer outra pessoa no grupo. Quando alguém propunha uma questão para o grupo como um todo, mantinha os olhos no líder para ver sua reação. Na verdade, em geral os membros do grupo enxergam a reação emocional do líder como a resposta mais válida e, portanto, modelam suas próprias respostas com base nela — sobretudo em uma situação ambígua, em que vários membros reagem de forma diferente. Em certo sentido, o líder define o padrão emocional.

Os líderes distribuem ou negam elogios, fazem críticas construtivas ou destrutivas, oferecem apoio ou fecham os olhos para as necessidades alheias. Eles podem estruturar a missão do grupo de modo a dar mais significado à contribuição de cada um — ou não. Podem orientar para dar às pessoas uma sensação de clareza e direção em seu trabalho e incentivar a flexibilidade, deixando-as livres para empregar seu próprio discernimento ao realizar uma tarefa. Todos esses atos ajudam a determinar o impacto emocional primordial de um líder.

Ainda assim, nem todos os gestores "oficiais" de um grupo são necessariamente os líderes emocionais. Quando, por algum motivo, o líder designado não tem credibilidade, as pessoas podem recorrer à orientação emocional de outra pessoa em quem confiam e respeitam. Esse líder escolhido se torna, então, aquele que molda as reações emocionais dos outros. Por exemplo, um conhecido grupo de jazz, que recebeu o nome de seu fundador e líder oficial, na verdade recebia dicas emocionais de outro músico. O fundador continuava a gerenciar a agenda e a logística, mas quando chegava a hora de decidir qual música tocar em seguida ou de que modo o sistema de som deveria ser ajustado, todos os olhos se voltavam para o membro dominante — o líder emocional.[13]

No entanto, independentemente de quem é o líder emocional, é provável que tenha um talento especial para agir como um "ímã" límbico, exercendo uma força palpável no cérebro emocional das pessoas ao seu redor. Se observarmos a interpretação de uma atriz talentosa, por exemplo, veremos a facilidade com que atrai a plateia para sua órbita emocional. Não importa se está transmitindo a agonia de uma traição ou uma alegria triunfal, a plateia também sente essas coisas.

O RISO E O CIRCUITO ABERTO

As emoções podem se espalhar como um vírus, mas nem todas se propagam com a mesma facilidade. Um estudo da Escola de Administração da Universidade Yale descobriu que, entre grupos de trabalho, a alegria e o calor humano se alastram com mais facilidade, ao passo que a irritabilidade é menos contagiosa, e a depressão quase não se espalha.[14] Essa maior taxa de difusão de estados de espírito positivos tem implicações diretas nos resultados dos negócios. O estudo mostrou que os estados de ânimo influenciam a eficácia com que as pessoas trabalham; os otimistas aumentam a cooperação, a equidade e o desempenho nos negócios.

O riso, em especial, demonstra o poder do circuito aberto em operação — e, portanto, a natureza contagiosa de todas as emoções. Ao ouvir uma risada, também sorrimos ou gargalhamos automaticamente, criando uma reação em cadeia espontânea que se espalha por um grupo inteiro. A alegria se alastra com facilidade e de imediato porque nosso cérebro inclui circuitos abertos, projetados de maneira específica para detectar sorrisos e risadas que nos fazem rir em resposta. O resultado é um sequestro emocional positivo.

Da mesma forma, de todos os sinais emocionais, os sorrisos são os mais contagiantes; têm um poder quase irresistível de fazer os outros rirem também.[15] Eles têm essa potência graças ao papel benéfico que desempenharam na evolução: os cientistas especulam que sorrisos e risadas passaram por um processo de transformação como uma forma não verbal de cimentar alianças, mostrando que um indivíduo tem uma postura descontraída e amigável em vez de cautelosa ou hostil.

O riso oferece um sinal singularmente confiável dessa afabilidade. Ao contrário de outros sinais emocionais — sobretudo um sorriso, que pode ser simulado —, a gargalhada envolve sistemas neurais de extrema complexidade que são em grande parte involuntários: é mais difícil de fingir.[16] Então, embora o sorriso falso possa escapar do nosso radar emocional com facilidade, uma risada forçada soa oca.

Em um sentido neurológico, o riso representa a menor distância entre duas pessoas porque interliga de maneira instantânea os sistemas límbicos. Essa reação imediata e involuntária, como diz um pesquisador, envolve "a comunicação entre pessoas mais direta possível — cérebro a cérebro —, e nosso intelecto vai simplesmente acompanhando o passeio, no que pode ser chamado de 'junção límbica'".[17] Não é surpresa, então, que os indivíduos que apreciam a companhia de outros riam com facilidade e frequência, ao passo que os desconfiados ou os que não se dão bem com o outro riem pouco juntos, se é que riem.

Portanto, em qualquer ambiente de trabalho o som da risada sinaliza a temperatura emocional do grupo, oferecendo um sinal inequívoco de que o coração das pessoas, bem como a mente, está mobilizado. Além disso, rir no ambiente profissional tem pouco a ver com alguém contar uma piada: em um estudo de

1200 episódios de risadas durante situações de interação social, o riso quase sempre ocorreu como uma resposta amigável a algum comentário comum como "prazer em conhecê-lo", não ao clímax de uma piada.[18] Uma boa risada envia uma mensagem reconfortante: estamos na mesma sintonia, nos damos bem. Sinaliza confiança, conforto e um senso compartilhado do mundo; tal qual o ritmo numa conversa, a risada é a indicação de que tudo está bem no momento.

Desse modo, a facilidade com que captamos os estados emocionais dos líderes tem a ver com a expressividade com que seu rosto, sua voz e seus gestos transmitem sentimentos. Quanto maior a habilidade de um líder para transmitir emoções, com mais vigor elas se espalharão. Essa transmissão não depende de teatralidade, é claro; como as pessoas prestam muita atenção a um líder, até mesmo as expressões mais sutis podem ter grande impacto. Mesmo assim, quanto mais abertos os líderes forem — expressando bem seu próprio entusiasmo, por exemplo —, mais rápido outras pessoas sentirão essa mesma paixão contagiante.

Gestores com esse tipo de talento são ímãs emocionais; as pessoas naturalmente gravitam em torno deles. Se pensarmos nos líderes com quem as pessoas mais gostariam de trabalhar em uma organização, veremos que tendem a ter essa capacidade de exalar sentimentos positivos. É uma das razões pelas quais os líderes dotados de inteligência emocional atraem indivíduos talentosos — pelo prazer de trabalhar na presença deles. Em contrapartida, os que emitem o registro negativo — que são irritadiços, melindrosos, dominadores, frios — repelem as pessoas. Ninguém quer trabalhar para um rabugento. Pesquisas comprovaram que líderes otimistas e entusiasmados retêm com mais facilidade a equipe, em comparação com chefes que tendem a estados de espírito negativos.[19]

A fim de examinar o quanto as emoções determinam a eficácia do trabalho, vamos levar um passo adiante o impacto da liderança primordial.

COMO ESTADOS DE ESPÍRITO IMPACTAM RESULTADOS

Emoções são bastante intensas, efêmeras e, por vezes, atrapalham o trabalho; estados de espírito tendem a ser sentimentos menos intensos e mais duradouros, que não costumam interferir em nossas funções. Em geral, um episódio emocional faz permanecer por um tempo um estado de espírito correspondente: um fluxo discreto e contínuo de sentimentos que percorre o grupo inteiro.

Embora emoções e humores possam parecer triviais do ponto de vista dos negócios, têm consequências concretas para a realização do trabalho. A ansiedade leve de um líder pode atuar como sinal de que algo precisa receber mais atenção e uma análise cuidadosa. Na verdade, um estado de espírito sóbrio pode ajudar bastante quando se trata de avaliar uma situação de risco — e otimismo em excesso pode nos induzir a ignorar perigos.[20] Uma súbita onda de raiva pode prender a atenção de um líder em um problema urgente — por exemplo, a revelação de que um executivo de alto escalão está envolvido em um caso de assédio sexual —, redirecionando as energias do líder da cota de preocupações normais para a busca de uma solução, como aprimorar ações corporativas que visam eliminar o assédio.[21]

Embora a ansiedade leve (por exemplo, diante de um prazo prestes a vencer) possa servir para concentrar a atenção e a energia, a angústia prolongada pode acabar sabotando os relacionamentos de um líder e prejudicar o desempenho no trabalho, uma vez que diminui a capacidade do cérebro de processar informações e responder com eficácia. Contudo, uma boa risada ou um estado de espírito otimista costuma aumentar as habilidades neurais cruciais para se fazer um bom trabalho.

Tanto o bom quanto o mau humor tendem a se perpetuar, em parte porque distorcem percepções e lembranças: quando se sentem animadas e otimistas, as pessoas veem o lado positivo de uma situação e se lembram de coisas boas sobre ela; já quando se sentem mal, se concentram no lado negativo.[22] Além dessa distorção, o caldo de hormônios do estresse secretado quando uma pessoa está chateada leva horas para ser reabsorvido pelo corpo e desaparecer. Por isso um relacionamento ruim com um chefe pode tornar a pessoa refém dessa angústia, com a mente apreensiva e um corpo incapaz de se acalmar: *"Ele me deixou tão chateado durante aquela reunião de ontem que à noite eu não consegui dormir de jeito nenhum"*. Como resultado, preferimos estar com pessoas que têm emoções positivas, em parte porque nos fazem sentir bem.

SEQUESTRO EMOCIONAL

Emoções negativas — sobretudo raiva, ansiedade ou uma sensação de inutilidade crônicas — prejudicam seriamente o trabalho, desviando a atenção da tarefa a ser realizada. Por exemplo, em um estudo feito pela Yale sobre estados de espírito e contágio, o desempenho de grupos encarregados de tomar decisões executivas sobre a melhor forma de distribuir bonificações anuais foi impulsionado de forma considerável por sentimentos positivos e prejudicado por sentimentos negativos. Em um grau significativo, nem sequer os membros do grupo percebiam o tamanho da influência de seus próprios estados de espírito.[23]

Um exemplo: em uma rede internacional de hotéis, de todas as interações que deixavam os funcionários de mau humor, a mais corriqueira era ter de falar com alguém da gerência. As interações com os chefes geravam sentimentos ruins — frustração, decepção, raiva, tristeza, desgosto ou mágoa — cerca de nove em cada dez vezes. Elas causavam mais angústia do que o contato com os hóspedes, as pressões do trabalho, as políticas da empresa ou problemas pessoais.[24] Não é que os líderes precisam ser "legais" em excesso; a arte emocional da liderança inclui pressionar a realidade das demandas do trabalho sem perturbar de maneira indevida as pessoas. Uma das leis mais antigas da psicologia postula que, além de um nível moderado, o aumento da ansiedade e da preocupação corrói as habilidades mentais. A angústia não apenas desgasta as capacidades mentais, mas também diminui a inteligência emocional. Pessoas que estão chateadas têm dificuldade em ler com precisão as emoções alheias — reduzindo a competência mais básica exigida pela empatia e, como resultado, prejudicando as habilidades sociais.[25]

Outro aspecto a ser levado em conta é que, de acordo com novas descobertas sobre satisfação no ambiente profissional, as emoções que as pessoas sentem enquanto realizam suas tarefas refletem de forma mais direta a verdadeira qualidade de vida no trabalho.[26] A porcentagem de tempo que as pessoas sentem emoções positivas acaba sendo um dos fatores de previsão de satisfação mais fortes e, portanto da probabilidade, por exemplo, de os funcionários pedirem demissão.[27] Nesse sentido, os líderes que espalham mau humor e baixo-astral são de fato ruins para os negócios — e os que transmitem bom humor e alto-astral ajudam a impulsionar o sucesso de uma empresa.

BOM HUMOR, BOM TRABALHO

Quando se sentem bem, as pessoas trabalham com seu melhor rendimento. Sentir-se bem lubrifica a eficiência mental, fazendo com que as pessoas compreendam melhor as informações e usem regras de decisão em julgamentos complexos, além de serem mais flexíveis em seu pensamento.[28] As pesquisas comprovam que estados de ânimo otimistas fazem as pessoas verem os outros — ou os acontecimentos — sob uma óptica mais positiva. Isso, por sua vez, ajuda os indivíduos a se sentirem mais otimistas quanto à própria capacidade de atingir metas, aumenta a criatividade e as habilidades de tomada de decisão e os deixa predispostos a serem prestativos.[29] Por exemplo, agentes de seguros com uma perspectiva de copo meio cheio são muito mais capazes do que seus colegas mais pessimistas de persistir apesar das rejeições e, portanto, fazem mais vendas.[30] Além disso, pesquisas sobre o humor no trabalho revelam que uma piada num momento oportuno ou uma risada brincalhona podem estimular a criatividade, abrir linhas de comunicação, incrementar o senso de conexão e confiança e, claro, tornar o ambiente mais divertido.[31] Brincadeiras aumentam a probabilidade de concessões financeiras durante uma negociação. Não é de admirar que um temperamento jovial e espirituoso ocupe um lugar de destaque no kit de ferramentas de líderes com inteligência emocional.

O bom humor é importante sobretudo quando se trata de equipes: a capacidade de um líder de colocar um grupo em um estado de espírito entusiasmado e cooperativo pode determinar o seu sucesso. Contudo, sempre que conflitos emocionais drenam a energia e desviam a atenção da execução de tarefas, o desempenho do time será afetado.

Vejamos os resultados de um estudo com 62 CEOs e suas principais equipes de gestão.[32] Os CEOs representavam algumas empresas da *Fortune 500* — uma lista anual publicada pela revista *Fortune* das quinhentas maiores corporações norte-americanas por receita total —, bem como algumas das principais empresas de serviços dos Estados Unidos (por exemplo, firmas de consultoria e contabilidade), organizações sem fins lucrativos e agências governamentais. O nível de otimismo dos CEOs e dos membros de suas equipes de gestão foi avaliado — se eram vibrantes, entusiasmados, determinados. Além disso, responderam perguntas sobre a quantidade de conflitos e tumultos com que suas melhores equipes tiveram de lidar, ou seja, embates de personalidade, raiva e atritos em reuniões, além de questões emocionais (em contraste com as discordâncias de ideias).

O estudo revelou que, quanto mais positivo o estado de espírito dos integrantes das equipes administrativas de alto escalão, maior o grau de cooperatividade das pessoas ao trabalharem juntas — e melhores eram os resultados para os negócios. Em outras palavras, quanto mais tempo uma empresa era administrada por uma equipe que não se dava bem, pior era o retorno de mercado.

Portanto, o QI de grupo — a soma total dos melhores talentos de cada integrante — depende da inteligência emocional da equipe, o que é demonstrado pela harmonia coletiva. Um líder hábil em trabalho colaborativo é capaz de manter a cooperação em um alto nível e, dessa maneira, assegurar que as decisões do grupo valham o esforço da reunião. Esses líderes sabem como equilibrar o foco do coletivo na tarefa a ser executada com a atenção à qualidade das relações entre os integrantes. Eles naturalmente criam um clima amistoso, mas eficaz, que eleva o ânimo de todos.

COMO QUANTIFICAR O "CLIMA" DE UMA EMPRESA

Claro, segundo o senso comum, os funcionários que se sentem otimistas provavelmente farão um esforço extra para agradar aos clientes e, portanto, os lucros serão maiores. Mas, na verdade, existe um logaritmo que prevê essa relação: para cada 1% de melhoria no clima do ambiente profissional, há um aumento de 2% na receita.[33]

Benjamin Schneider, professor da Universidade de Maryland, descobriu em locais tão diversos quanto agências bancárias, escritórios regionais de seguradoras, call centers de cartão de crédito e hospitais, que as avaliações dos funcionários sobre o clima do ambiente profissional serviam como fator para prever o nível de satisfação do cliente, o que, por sua vez, impulsionava os resultados dos negócios. Da mesma forma, o baixo moral entre os representantes do departamento de atendimento ao cliente em determinado momento prenuncia alta rotatividade de funcionários — e declínio na taxa de satisfação dos clientes — por até três anos. Em contrapartida, a baixa satisfação dos clientes gera queda nas receitas.[34]

De todos os aspectos dos negócios, o atendimento ao cliente de qualidade excelente — o santo graal de qualquer setor de prestação de serviços — talvez seja o mais afetado pelo contágio dos estados de espírito e, portanto, pelo aspecto de circuito aberto do cérebro. Os empregos na área de atendimento ao cliente são conhecidos por serem estressantes, e as emoções correm soltas e fluem com profusão não apenas dos clientes para os funcionários das linhas de frente, mas também destes para os clientes. Do ponto de vista dos negócios, o mau humor de quem atende é uma péssima notícia. Primeiro, porque a grosseria é contagiosa, produzindo clientes insatisfeitos, até mesmo irritados — a despeito de um serviço específico ter sido bem prestado ou não. Segundo, porque funcionários mal-humorados atendem mal e às vezes com resultados devastadores: unidades de tratamento cardiológico onde o humor geral dos enfermeiros era "depressivo" registraram uma taxa de mortalidade de pacientes quatro vezes mais alta do que em outras unidades similares.[35]

Todavia, estados de espírito otimistas nas linhas de frente beneficiam a empresa. Por exemplo, quando os clientes acham que as interações com um atendente são agradáveis, começam a pensar na loja como um "lugar legal" para fazer compras. Isso significa não apenas mais visitas, como também uma boa propaganda boca a boca. Além do mais, quando os atendentes se sentem animados, esforçam-se para agradar aos clientes: em um estudo que incluiu 32 lojas de uma rede de varejo dos Estados Unidos, os pontos de venda com vendedores entusiasmados e bem-humorados apresentaram melhores resultados.[36]

Mas o que essa descoberta tem a ver com liderança? Em todos esses pontos de venda, era o gerente da loja que ditava o clima emocional que impulsionava o humor dos vendedores — e, em última análise, as vendas — na direção certa. Quando os próprios gerentes eram animados, confiantes e otimistas, seu estado de espírito contagiava a equipe. Além das óbvias relações entre clima e condições de trabalho ou salário, líderes ressonantes desempenham um papel fundamental. Em geral, quanto mais emocionalmente exigente e desgastante o trabalho, mais empático e solidário o líder precisa ser. Gestores impulsionam o clima do ambiente de trabalho e, portanto, a predisposição dos funcionários a satisfazer os clientes. Por exemplo, em uma seguradora, a liderança eficaz exerce tanta influência no clima entre os corretores que chegava a ser responsável por uma diferença de 3% a 4% nas renovações de seguro — uma margem que parece pequena, mas que fazia uma grande diferença para os negócios.

Há muito tempo os consultores organizacionais presumem que há alguma ligação positiva entre o clima no ambiente de trabalho de um departamento e o desempenho das equipes. Mas os dados que vinculam esses dois elementos eram escassos — portanto, na prática, os líderes podiam ignorar com mais facilidade seu estilo pessoal e os efeitos que isso causava em seus subordinados, para se concentrar em objetivos "mais concretos". Porém, agora temos resultados de diversos setores de atividade que vinculam liderança ao clima profissional e ao desempenho nos negócios, o que torna possível quantificar a grande diferença que algo tão suave quanto a "atmosfera" de uma empresa faz para os resultados dos negócios.

Por exemplo, em uma corporação multinacional de alimentos e bebidas, resultados positivos na medição do clima do ambiente de trabalho previram lucros anuais maiores nas principais divisões da empresa. Em um estudo com dezenove seguradoras, o clima criado pelos CEOs entre seus subordinados diretos previa o desempenho dos negócios de toda a organização: em 75% dos casos, o clima, tomado como critério único, bastava para identificar e diferenciar com precisão as empresas que teriam lucros e crescimento altos ou baixos.[37]

O clima em si não determina o desempenho. Os fatores que determinam quais empresas se mostram mais adequadas em qualquer trimestre são notoriamente complexos. Mas nossas análises sugerem que, no geral, o clima — como as pessoas se sentem em relação a trabalhar numa companhia — pode ser responsável por entre 20% e 30% do desempenho empresarial. Extrair o melhor das pessoas rende resultados concretos.

Se o clima impulsiona os negócios, o que impulsiona o clima? Cerca de 50% a 70% da percepção que os funcionários têm do clima do ambiente onde trabalham pode ser atribuída às ações de uma pessoa: o líder. Mais do que qualquer outro, o chefe cria as condições que determinam diretamente a capacidade dos funcionários trabalharem bem.[38]

Em suma, os estados emocionais e as ações dos líderes afetam a maneira como seus subordinados se sentem e, portanto, seu desempenho profissional. Assim, a capacidade dos líderes de administrar bem os estados de espírito e a forma como seus humores influenciam o grupo se torna não apenas uma questão pessoal, mas um fator para prever o sucesso nos negócios.

> Texto adaptado de *O poder da inteligência
> emocional: Como liderar com sensibilidade
> e eficiência.*

7. O cérebro social

Estamos o tempo todo afetando os estados cerebrais de outras pessoas. No meu modelo de IE, "gerenciar relacionamentos" significa, nesse nível, que somos responsáveis pela forma como moldamos os sentimentos dos indivíduos com quem interagimos — para melhor ou para pior. Nesse sentido, as habilidades de relacionamento têm a ver com gerenciar estados cerebrais nos outros.

Isso suscita uma questão: quem emite as emoções que passam entre as pessoas, e quem as recebe? Uma resposta, para grupos de pares, é que o emissor tende a ser o indivíduo mais expressivo emocionalmente no grupo. Porém, quando há diferenças de poder — na sala de aula, no trabalho, nas organizações em geral —, o emissor da emoção é a pessoa mais poderosa, e é ele que estabelece o estado emocional para o restante.

Em qualquer grupo humano, os integrantes prestam mais atenção ao que a pessoa mais poderosa diz ou faz — e dão mais importância a isso. Muitos estudos mostram, por exemplo, que se o líder de uma equipe está num estado de ânimo positivo, os outros também ficam com uma disposição otimista, e a positividade coletiva melhora o desempenho do grupo. Se o líder projeta um estado de ânimo negativo, o mau humor se espalha, e o desempenho coletivo é prejudicado. Isso foi verificado em grupos de indivíduos incumbidos de tomar decisões de negócios, buscando soluções criativas — até mesmo na hora de montar uma barraca.

Esse contágio emocional acontece sempre que as pessoas interagem, seja em dupla, num grupo ou numa organização. É mais evidente em um evento esportivo ou uma apresentação teatral, nos quais a mesma emoção percorre a multidão ao mesmo tempo. Esse contágio pode acontecer por causa do nosso cérebro social, por intermédio de circuitos como o sistema de neurônios-espelho. O contágio emocional de pessoa para pessoa opera de forma automática, instantânea e inconsciente e está fora do nosso controle intencional.

No Hospital Geral de Massachusetts, foi realizado um estudo com médicos e pacientes durante uma sessão de psicoterapia. A interação foi filmada, e a fisiologia dos participantes foi monitorada. Depois, os pacientes reviram o vídeo, identificando momentos em que julgaram que o médico teve empatia por eles — quando se sentiram ouvidos e compreendidos, e quando se sentiram desconectados, pensando: "Meu médico não me entende, não se importa comigo". Nos momentos em que os pacientes se sentiam desconectados, também não havia nenhuma conexão em sua fisiologia. Porém, quando o paciente dizia: "Sim, eu senti uma conexão real com o médico", a fisiologia de ambos se movia em uníssono, como numa dança. Também havia um entrosamento fisiológico, com os batimentos de ambos em sincronia.

Esse estudo reflete a fisiologia da harmonia. Para isso, são necessários três ingredientes. O primeiro é dar atenção total. As duas pessoas precisam estar em completa sintonia uma com a outra, deixando de lado qualquer distração. O segundo é estar em sincronia não verbal. Se duas pessoas estão se dando bastante bem, e você observa essa interação sem prestar atenção ao que dizem (como se assistisse a um filme sem som), verá que seus movimentos são quase coreografados, como uma dança. Essa sincronia é orquestrada por outro conjunto de neurônios, chamados osciladores, que regulam a maneira como nosso corpo se move em relação a outro corpo (ou qualquer objeto).

O terceiro ingrediente da harmonia é o sentimento positivo. É uma espécie de microfluxo, uma euforia interpessoal. Esses momentos de química interpessoal, ou compatibilidade, são quando as coisas acontecem às mil maravilhas — não importa o que estamos fazendo juntos.

Um artigo na *Harvard Business Review* chama esse tipo de interação de "momento humano". Como algo assim pode ocorrer no trabalho? Você tem que deixar de lado tudo o que está fazendo e prestar total atenção a quem está com você. Isso abre caminho para a harmonia, momento em que o fluxo emocional está em sintonia. Quando sua fisiologia está em sincronia com outra pessoa, você se sente conectado, acolhido e confortável. Pode-se ler esse momento humano em termos de fisiologia — mas também como experiência, porque durante essas ocasiões de química nos sentimos bem por estar com outra pessoa. E essa pessoa se sente bem por estar conosco.

Texto adaptado de *O cérebro e a inteligência emocional: Novas perspectivas*.

8. O ponto ideal
para o sucesso

Você está dirigindo para o trabalho, planejando uma importante reunião com um colega e, de vez em quando, lembra a si mesmo que precisa virar à esquerda no semáforo, e não à direita, como de costume, pois vai deixar uma roupa na lavanderia.

De repente, uma ambulância barulhenta surge atrás de você, e você acelera para sair da frente, sentindo o coração disparar.

Tenta retomar o planejamento da reunião da manhã, mas agora seus pensamentos estão desorganizados, você está distraído. Quando chega ao trabalho, se recrimina por ter se esquecido de ir à lavanderia.

Essa situação não vem de uma cartilha de negócios, mas da revista acadêmica *Science*. É o início de um artigo intitulado "The Biology of Being Frazzled" [A biologia de estar esgotado],[1] que resume os efeitos que um pequeno aborrecimento causa no raciocínio e no desempenho — o esgotamento dos contratempos cotidianos.

"Esgotamento" é um estado neural em que aumentos repentinos de ondas emocionais prejudicam o funcionamento do centro executivo. Nesse estado, não conseguimos nos concentrar ou pensar com clareza. Essa verdade neural tem implicações diretas quando tentamos alcançar a atmosfera emocional ideal numa sala de aula ou num escritório.

Do ponto de vista do cérebro, ter um bom desempenho escolar e profissional envolve um único e mesmo estado, o ponto cerebral ideal para o desempenho. A biologia da ansiedade nos tira dessa zona de excelência.

"Elimine o medo" era um slogan usado pelo falecido guru do controle de qualidade W. Edwards Deming. Ele viu que o medo paralisava um ambiente de trabalho: os funcionários relutavam em opinar, compartilhar novas ideias ou se organizar bem, quanto mais melhorar a qualidade do rendimento. O mesmo slogan se aplica à sala de aula — o medo esgota a mente, atrapalhando a aprendizagem.

A neurobiologia básica do esgotamento reflete o procedimento padrão que o corpo tem para emergências. Quando estamos sob estresse, o eixo HPA (hipotálamo-pituitária-adrenal) entra ruidosamente em ação, preparando o organismo para uma crise. Entre outras manobras biológicas, a amígdala recruta o córtex pré-frontal, o centro executivo do cérebro. Essa mudança no controle, optando por um atalho, favorece hábitos automáticos, à medida que a amígdala utiliza reações imediatas para nos salvar. O cérebro pensante e racional fica à margem, em funções secundárias; a estrada principal é muito lenta.

Conforme nosso cérebro transfere a tomada de decisões para o circuito da amígdala, perdemos nossa capacidade de pensar da melhor forma possível. Quanto maior a pressão, mais nosso desempenho e pensamento sofrerão.[2] A amígdala ascendente prejudica nossas habilidades de aprendizado, retenção de informações na memória de trabalho, reação flexível e criativa, focar a atenção de acordo com nossa vontade e planejamento e organização eficazes. Mergulhamos no que os neurocientistas chamam de "disfunção cognitiva".[3]

"O pior período pelo qual passei no trabalho", confidenciou-me um amigo, "foi quando a empresa estava se reestruturando, e as pessoas começaram a 'desaparecer' todos os dias, e recebíamos memorandos mentirosos informando que tinham se desligado 'por motivos pessoais'. Ninguém conseguia se concentrar enquanto aquela atmosfera de medo pairava no ar. Ninguém conseguia trabalhar de verdade."

Não é de admirar. Quanto maior a ansiedade que sentimos, mais debilitada é a eficiência cognitiva do cérebro. Nessa zona de sofrimento mental, pensamentos distrativos sequestram nossa atenção e espremem nossos recursos cognitivos. Quando a ansiedade elevada encolhe o espaço disponível para a nossa atenção, acaba por minar nossa capacidade de assimilar novas informações ou, pior, gerar novas ideias. O sentimento de "quase pânico" é inimigo da aprendizagem e da criatividade.

A rota neural da disforia vai da amígdala para o lado direito do córtex pré-frontal. Quando esse circuito é ativado, nossos pensamentos se fixam no que desencadeou a aflição. E, à medida que ficamos preocupados com problemas ou ressentimentos, por exemplo, nossa agilidade mental fica confusa. Da mesma forma, quando estamos tristes, os níveis de atividade no córtex pré-frontal caem, gerando menos pensamentos.[4] Extremos de ansiedade e raiva, de um lado, e tristeza, do outro, empurram a atividade cerebral para além de sua zona de eficiência.

O tédio obscurece e confunde o cérebro com sua própria mácula de ineficiência. A mente vagueia e perde o foco; a motivação desaparece. Em qualquer reunião longa demais (o caso de muitas), os olhares vazios das pessoas presas às cadeiras denunciam que a atenção delas não está lá. E todos nós lembramos nossos dias como estudantes entediados, quando fitávamos a janela.

Esses momentos alegres, diz António Damásio, neurocientista da Universidade do Sul da Califórnia, significam "coordenação psicológica ideal e administração suave das operações da vida". Um dos mais destacados neurocientistas do mundo, Damásio é pioneiro em vincular descobertas na ciência do cérebro às experiências humanas. Ele argumenta que, mais do que apenas nos possibilitar sobreviver ao massacrante cotidiano, os estados de alegria nos permitem florescer, viver bem e sentir bem-estar.

Ele observa que esses estados de ânimo felizes nos proporcionam "maior tranquilidade na capacidade de agir", um funcionamento mais harmônico que intensifica a força e a liberdade em tudo o que fazemos. O campo da ciência cognitiva, aponta Damásio ao estudar as redes neurais que regem as operações mentais, encontra condições semelhantes e as denomina "estados de harmonia máxima".

Quando a mente funciona com essa harmonia interna, a tranquilidade, a eficiência, a velocidade e a potência operam no nível máximo. Vivenciamos esses momentos com uma empolgação comedida e silenciosa. Estudos de imagens cerebrais mostram que, quando a pessoa está em um estado alegre e estimulante, a área do cérebro que exibe mais atividades é o córtex pré-frontal, o entroncamento da estrada principal.

A atividade acentuada do córtex pré-frontal intensifica as habilidades mentais, como o pensamento criativo, a flexibilidade cognitiva e o processamento de informações.[5] Até mesmo os médicos, modelos de racionalidade, pensam com mais clareza quando estão de bom humor. Radiologistas trabalham mais rápido e com mais precisão depois de receber algum presentinho que melhore o humor — e suas anotações sobre o diagnóstico incluem sugestões mais úteis para tratamentos adicionais e eles se colocam mais à disposição para consultas posteriores.[6]

UM U INVERTIDO

Representar em um gráfico a relação entre a proficiência mental (e o desempenho em geral) e o espectro de estados de ânimo cria uma curva que se assemelha a um U invertido com as pernas um pouco abertas. Alegria, eficiência cognitiva e performance excepcional ocorrem no ponto mais alto. Do lado de baixo de uma das pernas do U invertido está o tédio; da outra, a ansiedade. Quanto mais apatia ou angústia sentimos, pior será nosso desempenho, seja numa prova de fim de semestre ou num memorando do escritório.

O que nos tira do torpor do tédio é um desafio que desperta nosso interesse; quando algo faz a nossa motivação aumentar e atrai a nossa atenção. O ápice do desempenho cognitivo ocorre quando a motivação e a concentração alcançam seu ponto máximo, na interseção da dificuldade de uma tarefa e da nossa habilidade de corresponder ao que ela demanda para ser realizada. Em um ponto de virada no limiar do pico de eficiência cognitiva, os desafios começam a se sobrepor à habilidade e, então, tem início o aspecto negativo ou adverso do U invertido.

Entramos em pânico quando percebemos, por exemplo, que o fato de termos procrastinado para redigir um artigo ou um memorando nos levou a um atraso desastroso. A partir daí, uma ansiedade progressiva corrói nossa eficiência cognitiva.[7] À medida que as tarefas se avolumam em grau de dificuldade e os desafios se transformam em sobrecarga, o atalho se torna cada vez mais ativo. A estrada principal se desgasta conforme os desafios engolem nossas habilidades e o cérebro entrega a direção para o atalho. Essa mudança neural de controle da estrada principal para o atalho é responsável pelo formato do U invertido.

Hormônios do estresse e desempenho

Um U invertido representa em gráfico a relação entre os níveis de estresse e o desempenho mental, como a aprendizagem e a tomada de decisões. O estresse varia de acordo com o desafio; no ponto mais baixo, níveis baixos de estresse geram desinteresse e tédio, ao passo que o aumento do desafio incita o interesse e estimula a atenção e a motivação — que, em seu nível ideal, produzem eficiência cognitiva e realização máximas. Conforme os desafios continuam a aumentar e ficam além da nossa capacidade de lidar com eles, o estresse se intensifica; em seu ponto extremo, o desempenho e a aprendizagem desmoronam.

O U invertido reflete o impacto de dois sistemas neurais distintos sobre a aprendizagem e o desempenho. Ambos se desenvolvem à medida que maior atenção e motivação aumentam a atividade do sistema de glicocorticoides; níveis saudáveis de cortisol nos energizam para a batalha.[8] Estados de ânimo positivos provocam uma variação de branda a moderada de cortisol associada a uma melhora na aprendizagem.

Mas se o estresse continua ascendente e ultrapassa o ponto ideal no qual as pessoas aprendem e realizam tarefas com seu melhor desempenho, um segundo sistema neural entra em cena para secretar norepinefrina nos mesmos níveis altos de quando sentimos um medo terrível.⁹ A partir desse ponto — o início da descida rumo ao pânico —, quanto maior o estresse, piores se tornam a eficiência mental e o desempenho.

Em momentos de grande ansiedade, o cérebro secreta altos níveis de cortisol e mais norepinefrina, que interferem na operação calma e regular dos mecanismos neurais da aprendizagem e da memória. Quando esses hormônios do estresse alcançam um nível crítico, ampliam a função da amígdala, mas debilitam as áreas pré-frontais, que perdem a habilidade de conter os impulsos controlados pela amígdala.

Como qualquer estudante que já experimentou se dedicar mais diante da aproximação da data da prova sabe, um pouco de pressão aumenta a motivação e a concentração. Até determinado ponto, a atenção seletiva aumenta conforme se elevam os níveis de pressão, como ocorre com prazos iminentes, estudar sendo observado pelo professor ou quando enfrentamos uma tarefa complexa. Prestar o máximo de atenção significa que a memória de trabalho opera com maior eficiência cognitiva, culminando no pico de tranquilidade mental. Porém, em um ponto crítico um pouco além do estado ideal — no qual os desafios começam a se sobrepor à habilidade —, a ansiedade crescente começa a corroer a eficiência cognitiva. Por exemplo, nessa zona de desempenho desastroso, os estudantes em quem a matemática causa ansiedade têm menos atenção disponível para enfrentar um problema matemático. A preocupação ansiosa ocupa o espaço da atenção necessária, prejudicando a capacidade de resolver problemas ou compreender conceitos novos.

Tudo isso afeta de maneira direta nosso rendimento na sala de aula — ou no trabalho. Quando estamos aflitos, não pensamos com clareza, e tendemos a perder o interesse até mesmo por metas que são importantes para nós. Os psicólogos que estudaram os efeitos do estado de ânimo na aprendizagem concluíram que, quando não estão nem atentos nem felizes na sala de aula, estudantes absorvem apenas uma fração das informações que lhes são apresentadas.[10]

Os obstáculos se aplicam também a professores e líderes. Sentimentos nocivos enfraquecem a empatia e o interesse. Por exemplo, gerentes de mau humor fazem avaliações de desempenho mais negativas, concentrando-se apenas nos aspectos adversos, e suas opiniões tendem a ser mais desfavoráveis.[11]

Nós nos saímos melhor entre níveis moderados e desafiadores de estresse, ao passo que a mente se desgasta sob pressão extrema.

PODER E FLUXO EMOCIONAL

Toda vez que uma reunião ameaçava cair em um tedioso mal-estar, o presidente da empresa de repente lançava uma crítica a algum presente capaz de acatá-la (quase sempre o diretor de marketing, seu melhor amigo). Depois, mudava rápido de assunto e seguia adiante, tendo chamado a atenção de todos. Com frequência essa tática reavivava a concentração do grupo. Assim ele conduzia os presentes pelo U invertido, indo do tédio ao envolvimento.

Demonstrações de insatisfação de um líder usam o contágio emocional. Desde que calibrada de modo engenhoso, até mesmo uma explosão de raiva pode instigar os subordinados o bastante para capturar sua atenção e motivá-los. Muitos líderes eficazes acreditam que — assim como elogios — a dose certa de irritação pode energizar. A medida que define se a mensagem de contrariedade está bem calibrada é se leva as pessoas ao pico de desempenho ou se faz a performance delas desabar, passando do ponto de virada e entrando na zona em que a angústia corrói o desempenho.

Nem todos os parceiros emocionais são iguais. Uma dinâmica de poder atua no contágio emocional, determinando qual é a pessoa cujo cérebro atrairá mais a outra para a sua órbita emocional. Neurônios--espelho são ferramentas de liderança: as emoções fluem com uma força especial de quem é socialmente mais dominante para quem é menos.

Um motivo para isso é que em qualquer grupo as pessoas naturalmente prestam mais atenção e dão mais importância ao que diz ou faz o membro mais poderoso. Isso amplifica a força da mensagem emocional que o líder envia, seja ela qual for, tornando suas emoções especialmente contagiosas. Como ouvi certa vez dizer, bastante pesaroso, o chefe de uma pequena empresa: "Quando a minha mente está tomada de raiva, outras pessoas conseguem pegá-la, como uma gripe".

Essa potência emocional foi posta à prova quando 56 líderes de equipes de trabalho simuladas foram induzidos a estados de bom ou mau humor para avaliar o subsequente impacto emocional sobre os grupos que geriam.[12] Os participantes das equipes cujos líderes eram animados relataram uma sensação mais positiva. Para ir direto ao ponto, eles se organizavam melhor e faziam mais com menos esforço. Em contrapartida, as equipes com chefes mal-humorados saíam de sincronia, o que as tornava ineficazes. Pior ainda, suas tentativas assustadas de agradar o líder levavam a decisões ruins e a péssimas escolhas estratégicas.

Embora a insatisfação disfarçada com sutileza de um chefe possa ser um estímulo eficaz, reclamar é autodestrutivo como tática de liderança. Quando os líderes costumam usar demonstrações de mau humor para motivar, fica a impressão de que seus subordinados cumprem mais tarefas — mas isso nem sempre significa um trabalho melhor. E temperamentos constantemente negativos corroem o clima emocional, sabotando a capacidade do cérebro de funcionar em sua melhor forma.

Nesse sentido, a liderança se reduz a uma série de trocas sociais em que o líder pode levar as emoções do outro a um estado melhor ou pior. Em trocas de alta qualidade, o subordinado sente a atenção, a empatia, o apoio e a positividade do líder. Em interações ruins, sente-se isolado e ameaçado.

A contaminação dos estados de ânimo entre o líder e o seguidor é comum em relacionamentos nos quais uma pessoa tem poder sobre outra, como ocorre na relação entre professor e aluno, médico e paciente, pais e filhos. Apesar da diferença de poder, todos têm um potencial benigno: promover o crescimento, a educação ou a cura de alguém menos poderoso.

Outro motivo importante para que os líderes estejam atentos ao que dizem aos funcionários: as pessoas se lembram com mais intensidade, detalhes e frequência das interações negativas com um chefe do que das positivas. A facilidade com que um chefe pode disseminar a desmotivação torna ainda mais imperativo que ele atue para fazer com que as emoções que deixa para trás sejam positivas.[13]

A insensibilidade por parte de um chefe não apenas aumenta o risco de perder bons funcionários, como também sabota a eficiência cognitiva. Um líder socialmente inteligente ajuda as pessoas a se conterem e a se recuperarem da angústia emocional. Ainda que apenas da perspectiva corporativa, a melhor atitude para um líder seria reagir com empatia, em vez de com indiferença — e fazer algo com isso.

CHEFES: OS BONS, OS MAUS E OS FEIOS

Qualquer grupo de pessoas que já trabalhou na vida é capaz de reconhecer dois tipos de chefes: um com quem adorou trabalhar e outro do qual não via a hora de se livrar. Pedi a dezenas de grupos — variando desde reuniões de CEOs até convenções de professores, em cidades tão diferentes quanto São Paulo, Bruxelas e St. Louis — que me enviassem essa lista. Não importa o lugar, as listas que grupos tão díspares geraram são extraordinariamente semelhantes a esta:

CHEFE BOM	CHEFE RUIM
Excelente ouvinte	Intransponível
Encorajador	Cético
Comunicador	Fechado
Corajoso	Intimidador
Bem-humorado	Mal-humorado
Mostra empatia	Egoísta
Decidido	Indeciso
Assume responsabilidades	Atribui culpas
Humilde	Arrogante
Compartilha a autoridade	Desconfiado

Os melhores chefes são pessoas confiáveis, empáticas e conectadas, que nos fazem sentir calmos, valorizados e inspirados. Os piores — distantes, difíceis e arrogantes — nos causam na melhor das hipóteses desconforto, e ressentimento na pior.

Esses conjuntos contrastantes de atributos mapeiam bem o tipo de pais e mães que de um lado fomentam segurança e, do outro, ansiedade. Na verdade, a dinâmica emocional que atua no gerenciamento de subordinados tem muita coisa em comum com a parentalidade. Na infância os pais formam nosso modelo elementar de uma base segura, mas outras pessoas continuam a contribuir ao longo da nossa vida. Na escola, nossos professores desempenham esse papel; no trabalho, é o chefe.

"As bases seguras são fontes de proteção, energia e conforto, que nos permite liberar nossa energia", disse-me George Kohlrieser. Psicólogo e professor de liderança do Instituto Internacional para o Desenvolvimento de Gestão, na Suíça, Kohlrieser observa que ter uma base segura no trabalho é essencial para o alto desempenho.

Sentir-se seguro, Kohlrieser argumenta, permite à pessoa se concentrar de modo mais satisfatório na tarefa que tem diante de si, alcançar metas e encarar obstáculos como desafios, não como ameaças. Os ansiosos, porém, logo ficam preocupados com a possibilidade de falhar, temendo que um desempenho fraco possa resultar em rejeição ou abandono (nesse contexto, demissão) — e por isso não se arriscam.

De acordo com Kohlrieser, as pessoas para quem o chefe é uma base segura sentem-se mais livres para fazer descobertas, se divertir, assumir riscos, inovar e enfrentar novos desafios. Outro benefício profissional: se os líderes estabelecem esse tipo de confiança e segurança, então, ao fazer críticas mais duras, a pessoa que as recebe não só fica mais aberta, como também vê benefícios em obter informações ainda mais difíceis de ouvir.

No entanto, como pais e mães, os líderes não devem poupar seus subordinados de tensão e estresse; a resiliência cresce a partir de uma quantidade módica de desconforto gerada por pressões necessárias da vida profissional. Mas, uma vez que o excesso de estresse se transforma em sobrecarga, um líder astuto atua como uma base segura por, se possível, reduzir as pressões mais devastadoras — ou, ao menos, sem agravá-las.

Por exemplo, um executivo de nível médio me disse: "Meu chefe é um amortecedor extraordinário. Não importa o tipo de pressão sobre o desempenho financeiro que ele receba da sede da empresa — e elas são consideráveis —, ele não as repassa para nós. Porém, o chefe de outro departamento faz isso de submeter a cada trimestre todos os funcionários a uma avaliação pessoal de lucros e perdas — embora eles desenvolvam produtos que levam de dois a três anos para chegar ao mercado".

Se os membros de uma equipe de trabalho são resilientes, muito motivados e bons no que fazem — em outras palavras, se tiverem picos altos de transição na curva do U invertido —, um líder pode ser desafiador e exigente e, ainda assim, obter bons resultados. No entanto, um desastre pode ocorrer quando um líder que pressiona bastante transita para uma cultura menos agressiva. Um banqueiro de investimentos me relatou o caso de um "líder cabeça-dura, pragmático, dedicado 24 horas por dia, sete dias por semana", que berrava ao se sentir insatisfeito. Quando sua empresa passou por uma fusão, "o mesmo estilo que antes havia funcionado para ele afugentou os gerentes da empresa adquirida, que o consideravam intolerável. Dois anos depois, o preço das ações da empresa ainda não tinha subido".

Nenhuma criança pode evitar a dor emocional do crescimento e, do mesmo modo, a toxicidade emocional parece ser um subproduto normal da vida profissional — pessoas são demitidas, a sede da empresa impõe políticas injustas, funcionários frustrados descarregam a raiva em seus pares. As causas são inúmeras: chefes abusivos e colegas de trabalho desagradáveis, procedimentos frustrantes, mudanças caóticas. As reações variam e vão da angústia e da raiva à perda de confiança e impotência.

Talvez, com sorte, não tenhamos de depender apenas do chefe. Colegas, a equipe de trabalho, amigos na empresa e até mesmo o próprio ambiente podem criar a sensação de que contamos com uma base segura. Todos contribuem para o caldo emocional, a soma total dos estados de ânimo que surgem quando as pessoas interagem ao longo do dia. Não importa qual seja a função que desempenhamos, a maneira como realizamos nosso trabalho, interagimos e fazemos os outros se sentirem se mistura ao tom emocional geral.

A simples existência de um supervisor ou colega a quem podemos recorrer quando estamos chateados é revigorante. Para muitos profissionais, os companheiros de trabalho se transformam em uma espécie de "família", um grupo cujos membros sentem um forte apego emocional entre si. Isso faz com que sejam especialmente leais como equipe. Quanto mais fortes forem os laços emocionais entre os funcionários, mais motivados, produtivos e satisfeitos eles ficarão com o trabalho.

Nossa noção de comprometimento e satisfação profissional resulta, em grande parte, das centenas de interações diárias pelas quais passamos, seja com um supervisor, colegas ou clientes. O acúmulo e a frequência dos momentos positivos em comparação com os negativos determinam em larga medida nossa satisfação e capacidade de desempenho; as pequenas trocas — um elogio por uma tarefa bem-feita, uma palavra de conforto após um revés — contribuem para como nos sentimos no trabalho.[14]

Até mesmo ter uma única pessoa com quem contar no ambiente corporativo pode fazer uma grande diferença em como nos sentimos. Em pesquisas realizadas com mais de 5 milhões de trabalhadores de cerca de quinhentas empresas, um dos fatores mais eficazes para prognosticar a satisfação de alguém era concordar com a seguinte afirmativa: "Tenho um grande amigo no emprego".[15]

Quanto mais fontes de apoio emocional tivermos na vida profissional, melhores seremos. Um grupo coeso, com um líder seguro — e que promova segurança —, cria um ambiente emocional que pode ser tão contagiante que até mesmo pessoas com tendência à ansiedade extrema se sentem relaxadas.

Como me contou o chefe de uma equipe científica de alto desempenho: "Nunca contrato alguém para o meu laboratório sem que antes tenha trabalhado algum tempo conosco. Depois, pergunto a opinião dos outros funcionários e acato a vontade deles. Se a química interpessoal não for boa, não quero correr o risco de contratar a pessoa — por mais eficiente que seja em outros aspectos".

O LÍDER SOCIALMENTE INTELIGENTE

O departamento de recursos humanos de uma grande corporação organizou uma oficina de um dia com um famoso especialista na área de atuação da empresa. Uma multidão maior do que a esperada compareceu e, na última hora, o evento foi transferido para uma sala mais espaçosa, capaz de comportar todo mundo, mas pouco equipada. Como resultado, as pessoas no fundo da sala tiveram dificuldade para enxergar e ouvir o palestrante. No intervalo da manhã, uma mulher que estava sentada numa das últimas fileiras dirigiu-se, furiosa, ao chefe de recursos humanos, reclamando que não conseguia enxergar nem mesmo parte do telão em que a imagem do palestrante estava sendo projetada, muito menos entender o que dizia.

"Eu sabia que tudo o que eu podia fazer era escutar, demonstrar empatia, reconhecer o problema e dizer que faria tudo que pudesse para consertar as coisas", disse o chefe de recursos humanos. "No intervalo, ela me viu falando com o pessoal do audiovisual, tentando pelo menos erguer o telão. Não havia muito o que fazer sobre a qualidade da acústica.

"Vi aquela mulher de novo no fim do dia. Ela me disse que na verdade não conseguiu escutar nem ver muito bem, mas estava mais relaxada. Ela estava agradecida de verdade pelo fato de eu tê-la ouvido e tentado ajudar."

Quando as pessoas em uma organização sentem raiva ou angústia, um líder, como o chefe de RH, pode pelo menos escutar com empatia, demonstrar preocupação e se esforçar para tentar melhorar as coisas.

Não importa se a tentativa resolve ou não o problema, pelo menos resulta em algo emocionalmente bom. Ao prestar atenção aos sentimentos do outro, o líder ajuda a metabolizá-los, de modo que ele possa seguir em frente em vez de ferver de raiva.

O líder não precisa concordar com a posição ou a reação do outro. Apenas por reconhecer o ponto de vista, pedir desculpas, se houver necessidade, ou buscar uma solução para o problema já desativa a bomba e neutraliza um pouco da toxicidade, tornando as emoções negativas menos danosas. Em uma pesquisa com funcionários de setecentas empresas, a maioria afirmou que um chefe atencioso era mais importante do que o salário que recebiam.[16] Essa constatação tem implicações para os negócios que vão além de apenas fazer as pessoas se sentirem bem. A mesma pesquisa revelou que o fato de os funcionários gostarem do chefe era a principal força motriz da produtividade e da quantidade de tempo que permaneciam no emprego. Se tiverem a opção, as pessoas não querem trabalhar para um chefe tóxico por quase nenhum salário — exceto se for para acumular uma quantia de dinheiro suficiente para dizer "vá à merda" e pedir demissão com segurança.

A liderança socialmente inteligente começa por estar presente por completo e entrar em sincronia.

Quando um líder se compromete, todo o conjunto da inteligência social pode entrar em ação: desde perceber como as pessoas se sentem e por que até interagir com tranquilidade o bastante para conduzir o grupo a um estado de ânimo positivo. Não existe receita mágica para o que fazer em cada situação, nenhum manual com dicas sobre a inteligência social no trabalho. Não importa o que façamos durante uma interação, a única condição para o sucesso é em que ponto do U invertido cada um se encontra.

As empresas estão na linha de frente da aplicação da inteligência social. À medida que as pessoas dedicam tempo a jornadas cada vez mais longas, o ambiente profissional se torna um substituto da família, da cidade e dos vínculos sociais — embora a maioria das pessoas possa ser descartada de acordo com a vontade da gerência. Essa ambivalência inerente significa que, em um número crescente, organizações, esperança e medo crescem de forma desenfreada.

A excelência na gestão de pessoas não pode ignorar essas correntes afetivas subterrâneas: elas têm consequências humanas reais e são importantes para que todos possam ter o melhor desempenho possível. E, como as emoções são tão contagiantes, todos os chefes, em todos os níveis, precisam se lembrar de que podem fazer a diferença, para melhor ou para pior.

Texto adaptado de *Inteligência social*.

9. Desenvolvendo a inteligência emocional

Talvez você já tenha ouvido que nascemos com uma quantidade enorme de células cerebrais e depois as perdemos de maneira constante até morrer. Agora, a boa notícia: isso não passa de neuromitologia.

O novo entendimento é o que é chamado de "neurogênese": todos os dias o cérebro gera 10 mil células-tronco que se dividem em duas. Uma se torna uma linhagem-filha que continua a produzir células-tronco, e a outra migra para onde quer que seja necessária no cérebro e se transforma nesse tipo de célula. Muitas vezes, o local de destino é onde a célula é necessária para um novo aprendizado. Ao longo dos quatro meses seguintes, essa nova célula forma cerca de 10 mil conexões com outras para criar novos circuitos neurais.

A tecnologia mais avançada no mapeamento disso

sairá de laboratórios como o de Richard Davidson, que dispõe de enorme poder computacional, porque, agora, novas e inovadoras ferramentas de software para neuroimagens são capazes de rastrear e mostrar essa nova conectividade no nível de célula individual.

A neurogênese acrescenta poder à nossa compreensão da neuroplasticidade, de que o cérebro se remodela continuamente de acordo com as experiências que temos. Se estivermos aprendendo um novo movimento para dar uma tacada de golfe, esse circuito atrairá conexões e neurônios. Se estivermos mudando um hábito — digamos, tentando melhorar nossa capacidade de ouvir com atenção —, então esse circuito crescerá de acordo.

Contudo, quando tentamos nos desvencilhar de um mau hábito, enfrentamos uma resistência robusta do circuito para algo que praticamos e repetimos milhares de vezes. Então, quais são as lições cerebrais para o coaching ou para trabalharmos por conta própria a fim de aprimorar uma habilidade de inteligência emocional?

Primeiro, comprometa-se com empenho. Mobilize o poder motivador nas áreas pré-frontais esquerdas. Se você é um coach, precisa envolver a pessoa, deixá-la entusiasmada com a ideia de atingir a meta de mudança. Para tanto, algo que ajuda é trazer à tona os sonhos dela, evocar a ambição que ela tem para si mesma, onde quer estar no futuro. Em seguida, trabalhe a partir de onde a pessoa está agora e veja o que ela pode melhorar para chegar aonde quer.

Se puder, neste ponto é útil obter um feedback de 360 graus sobre as competências de inteligência emocional. É melhor utilizar um instrumento que meça as habilidades de IE e permita que você peça a pessoas cujas opiniões valoriza que, de forma anônima, o classifiquem em comportamentos específicos que reflitam as competências de líderes de alto nível e profissionais de destaque. Richard Boyatzis e eu, trabalhando com o Hay Group, criamos uma ferramenta de avaliação de liderança chamada Inventário de Competência Emocional e Social, ou ESCI-360. Um consultor treinado pode ajudá-lo a usar esse feedback para determinar de quais competências você mais se beneficiaria ao fortalecê-las.

O passo seguinte é ser muito prático: não tente aprender muito de uma só vez. Operacionalize sua meta no nível de um comportamento específico. Torne-a prática, para que você saiba exatamente o que e quando fazer. Por exemplo, digamos que alguém tenha "síndrome do smartphone": o mau hábito de ser multitarefas e em essência ignorar os outros, o que destrói a atenção total que pode levar à afinidade e à boa química. Você tem que eliminar esse hábito. Portanto, a pessoa pode conceber um plano de aprendizagem intencional que diz algo como: em cada oportunidade que ocorre de maneira natural — quando alguém entra em seu escritório ou quando você aborda uma pessoa —, você desliga o celular, se afasta do computador, desativa seu devaneio ou sua preocupação e presta total atenção. Isso lhe dá um exemplo exato de comportamento para tentar mudar.

Então, o que vai ajudar nisso? Perceber quando um momento como esse está prestes a chegar e fazer a coisa certa. Fazer a coisa errada é um hábito no qual você atingiu o nível olímpico — sua fiação neural tornou isso uma opção padrão, o que você faz de maneira automática. A conectividade neural para isso é forte. Quando você começa a formar um hábito novo e melhor, está em essência criando um novo circuito que compete com o hábito antigo, em uma espécie de darwinismo neural. Para tornar o novo forte o suficiente, você tem que usar o poder da neuroplasticidade — tem que fazer isso repetidas vezes.

Se persistir no melhor hábito, esse novo circuito se conectará e ficará cada vez mais potente, até que um dia você fará a coisa certa da maneira certa sem pensar duas vezes. Isso significa que o circuito se tornou tão conectado e denso que essa passou a ser a nova opção padrão do cérebro. Com essa mudança cerebral, o melhor hábito se tornará a escolha automática.

Por quanto tempo e quantas vezes uma ação precisa ser repetida até que passe a ser um comportamento de fato inerente? Um hábito começa a ser inerente na primeira vez que você o pratica. Quanto mais o pratica, mais conectividade. A frequência com que precisa repeti-lo para que se torne o novo padrão do cérebro depende em parte da força do hábito antigo que ele substituirá. Em geral, leva de três a seis meses ao usar em todas as oportunidades de prática que ocorram de maneira natural antes que o novo hábito se torne mais orgânico do que o antigo.

Outra oportunidade de prática pode ocorrer sempre que você tiver um pouco de tempo livre: um ensaio mental. Isso ativa o mesmo circuito neural que a atividade real. É por isso que os atletas olímpicos passam a pré-temporada revisando no cérebro seus movimentos — porque isso também conta como tempo de treino e aumentará a capacidade de desempenho quando o momento da competição de verdade chegar.

Richard Boyatzis empregou esse método durante anos com seus alunos de MBA na Faculdade de Administração de Weatherhead, na Universidade Case Western Reserve. Ele acompanhou os estudantes em seus respectivos empregos até sete anos depois — e descobriu que as competências que eles haviam aprimorado em suas aulas ainda eram consideradas fortes por seus colegas de trabalho.

> Texto adaptado de O cérebro e a inteligência
> emocional: Novas perspectivas.

Apêndice
Competências de liderança

AUTOCONSCIÊNCIA

- **Autoconsciência emocional.** Líderes que reconhecem de que maneira seus sentimentos os afetam, bem como seu desempenho profissional. Seus valores costumam ajudá-los a decidir o melhor caminho a seguir. Líderes emocionalmente autoconscientes podem não apenas ser francos e autênticos, mas também são capazes de falar com convicção sobre a visão que os orienta.

AUTOGESTÃO

- **Autocontrole emocional (*equilíbrio emocional*).** Pessoas que encontram formas de do-

minar emoções e impulsos. Líderes com autocontrole permanecem calmos e de cabeça fria mesmo sob estresse ou durante uma crise e mantêm o equilíbrio emocional.
- **Orientação para resultados (*capacidade de realização*).** Líderes que estabelecem padrões altos não apenas para si mesmos, mas para os outros. Eles definem metas mensuráveis, mas desafiadoras. Aprendem de maneira contínua como melhorar o desempenho, junto com sua equipe.
- **Perspectiva positiva.** Um líder que vê oportunidade em situações nas quais outros veriam uma adversidade. Esses líderes veem os outros de maneira positiva e ainda esperam das pessoas o que elas têm de melhor. E sua atitude otimista de "copo meio cheio" os leva a esperar que as mudanças no futuro sejam sempre para melhor.
- **Adaptabilidade.** Líderes que são capazes de se desdobrar para lidar com múltiplas demandas ao mesmo tempo sem perder o foco nas metas do grupo. Eles se sentem à vontade em meio às eventuais incertezas da liderança. Esses líde-

res demonstram flexibilidade para se adaptar a novos desafios e agilidade para se ajustar a mudanças súbitas.

CONSCIÊNCIA SOCIAL

- **Empatia.** Líderes que são capazes de compreender emoções não expressas por outro indivíduo ou por um grupo. Escutam com atenção plena e podem apreender a perspectiva do outro. A empatia torna o líder capaz de conviver bem com pessoas das mais diversas origens e culturas e de expressar suas ideias de modo que todos o entendam.
- **Consciência organizacional.** Um líder que é capaz de detectar oportunidades de redes de conexões sociais e interpretar relações de poder importantes. Esses líderes não apenas conseguem entender as forças que atuam numa organização, mas também os valores que a norteiam e as regras tácitas que operam entre os funcionários.

GESTÃO DE RELACIONAMENTOS

- **Influência.** Líderes que sabem fazer o apelo certo para o interlocutor e conquistar a adesão de pessoas cruciais. São persuasivos e envolventes quando se dirigem a um grupo.
- **Coach e mentor.** Líderes que têm um interesse genuíno em ajudar os outros. Eles entendem as metas e os pontos fortes dos indivíduos ao mesmo tempo que trabalham para propiciar oportunidades de crescimento. Também dão feedback oportuno e construtivo aos colegas de trabalho.
- **Administração de conflitos.** Líderes que reservam tempo para compreender diferentes perspectivas. Eles trabalham para encontrar um denominador comum com o qual todos possam concordar. Reconhecem os pontos de vista e as opiniões de todos os lados e redirecionam a energia para um ideal compartilhado ou uma resolução endossada por todos.
- **Liderança inspiradora (inspiração).** Líderes que inspiram são capazes de mexer com as emoções das pessoas com quem trabalham. Eles conseguem formular uma missão compar-

tilhada de um jeito que inspira outros a seguirem. Além disso, oferecem um senso de objetivo comum, para além das tarefas cotidianas.
- **Trabalho em equipe e colaboração.** Líderes que criam uma atmosfera de respeito, ajuda e cooperação. Eles envolvem os outros em um compromisso ativo com o esforço coletivo. Constroem ânimo, relacionamentos positivos e identidade em uma equipe.

> Texto adaptado de *O poder da inteligência emocional: Como liderar com sensibilidade e eficiência.*

Notas

1. UMA SINERGIA SURPREENDENTE [pp. 7-17]

1. John D. Mayer, Peter Salovey e David R. Caruso, "Models of Emotional Intelligence". Em R. J. Sternberg (org.), *Handbook of Intelligence*. Cambridge, Inglaterra: Cambridge University Press, 2000.

2. "GERENCIAR COM O CORAÇÃO" [pp. 19-35]

1. A tragédia do acidente aéreo do piloto intimidante: Carl Lavin, "When Moods Affect Safety: Communications in a Cockpit Mean a Lot a Few Miles Up". *The New York Times*, 26 jun. 1994.
2. A pesquisa com 250 executivos: Michael Maccoby, "The Corporate Climber Has to Find His Heart". *Fortune*, dez. 1976.
3. Quem me contou a história do vice-presidente sarcástico foi Hendrie Weisinger, psicólogo da Escola de Comércio da Universidade da Califórnia, em Los Angeles. Seu livro se chama *The Critical Edge: How to Criticize Up and Down the Organization and Make It Pay Off*. Boston: Little, Brown, 1989.

4. A pesquisa com os administradores que perderam a cabeça foi feita por Robert Baron, psicólogo do Instituto Politécnico Rensselaer, que entrevistei para *The New York Times* (11 set. 1990).

5. Crítica como causa de conflito: Robert Baron, "Countering the Effects of Destructive Criticism: The Relative Efficacy of Four Interventions". *Journal of Applied Psychology*, v. 75, n. 3, 1990.

6. Crítica específica e crítica vaga: Harry Levinson, "Feedback to Subordinates", adendo à *Levinson Letter*. Instituto Levinson, Waltham, Massachusetts, 1992.

5. QI DE GRUPO [pp. 107-16]

1. O conceito de inteligência de grupo é apresentado em Wendy Williams e Robert Sternberg, "Group Intelligence: Why Some Groups Are Better Than Others". *Intelligence*, v. 12, n. 4, 1988.

2. O estudo com os destaques profissionais do Bell Labs foi relatado em Robert Kelley e Janet Caplan, "How Bell Labs Creates Star Performers". *Harvard Business Review*, jul.-ago. 1993.

3. A utilidade de redes informais é observada por David Krackhardt e Jeffrey R. Hanson, "Informal Networks: The Company Behind the Chart". *Harvard Business Review*, jul.-ago. 1993, p. 104.

6. LIDERANÇA PRIMORDIAL [pp. 117-47]

1. O efeito reconfortante: Lisa Berkman et al., "Emotional Support and Survival after Myocardial Infarction". *Annals of Internal Medicine*, v. 117, n. 12, 1992.

2. Estresse e morte: Anika Rosengren et al., "Stressful Life Events, Social Support and Mortality in Men Born in 1933". *British Medical Journal*, v. 207, n. 17, 1983, pp. 1102-6.

3. Regulação límbica: Thomas Lewis, Fari Amini e Richard Lannon, *A General Theory of Love*. Nova York: Random House, 2000.

4. Espelhamento emocional: Robert Levenson, Universidade da Califórnia, Berkeley, comunicação pessoal.

5. A expressividade transmite estados de espírito: Howard Friedman e Ronald Riggio, "Effect of Individual Differences in Nonverbal Expressiveness on Transmission of Emotion". *Journal of Nonverbal Behavior*, v. 6, 1981, pp. 32-58.

6. Grupos têm estados de espírito: Janice R. Kelly e Sigal Barsade, "Moods and Emotions in Small Groups and Work Teams", documento de trabalho, Escola de Administração da Universidade Yale, New Haven, Connecticut, 2001.

7. Equipes de trabalho compartilham estados de ânimo: Caroline Bartel e Richard Saavedra, "The Collective Construction of Work Group Moods". *Administrative Science Quartely*, v. 45, 2000, pp. 187-231.

8. Monitoramento de estados de ânimo de enfermeiros e contadores: Peter Totterdell et al., "Evidence of Mood Linkage in Work Groups". *Journal of Personality and Social Psychology*, v. 74, 1998, pp. 1504-15.

9. Equipes esportivas: Peter Totterdell, "Catching Moods and Hitting Runs: Mood Linkage and Subjective Performance in Professional Sports Teams". *Journal of Applied Psychology*, v. 85, n. 6, 2000, pp. 848-59.

10. O efeito cascata da liderança: ver Wallace Bachman, "Nice Guys Finish First: A SYMLOG Analysis of US Naval Commands". Em Richard Brian Polley, A. Paul Hare e Philip J. Stone (org.),

The SYMLOG Practicioner: Applications of Small Group Research. Nova York: Praeger, 1988.

11. O impacto emocional do líder em grupos de trabalho: Anthony T. Pescosolido, "Emotional Intensity in Groups". Departamento de Comportamento Organizacional, Cleveland, Universidade Case Western Reserve, 2000. (Tese de doutorado.)

12. Líderes como gestores de significado: Howard Gardner, *Leading Minds: An Anatomy of Leadership.* Nova York: Basic Books, 1995.

13. Líderes informais: Vanessa U. Druskat e Anthony T. Pescosolido, "Leading Self-Managing Work Teams from the Inside: Informal Leader Behavior and Team Outcomes". Submetido para publicação, 2001.

14. Humores, contágio e desempenho no trabalho: Sigal Barsade e Donald E. Gibson, "Group Emotion: A View from the Top and Bottom". Em D. Gruenfeld et al. (org.), *Research on Managing Groups and Teams.* Greenwich, Connecticut: JAI Press, 1998.

15. Sorrisos são os mais contagiantes: Robert Levenson e Anna Ruef, "Emotional Knowledge and Rapport". Em William Ickes (org.), *Empathic Accuracy.* Nova York: Guilford Press, 1997.

16. O riso é involuntário: Meredith Small, "More Than the Best Medicine". *Scientific American*, ago. 2000, p. 24.

17. O riso é "cérebro a cérebro": Robert Provine, *Laughter: A Scientific Investigation.* Nova York: Viking Press, 2000, p. 133.

18. Episódios de risadas: ibid.

19. O estado de espírito positivo de um líder significa menor rotatividade voluntária: ver, por exemplo, Jennifer M. George e Kenneth Bettenhausen, "Understanding Prosocial Behavior, Sales Performance, and Turnover: A Group-Level Analysis in Service Context". *Journal of Applied Psychology*, v. 75, n. 6, 1990, pp. 698-706.

20. Humor sóbrio e decisões de alto risco: R. C. Sinclair, "Mood, Categorization Breadth, and Performance Appraisal". *Organizational Behavior and Human Decision Processes*, v. 42, 1988, pp. 22-46.

21. Raiva e liderança: Jennifer M. George, "Emotions and Leadership: The Role of Emotional Intelligence". *Human Relations*, v. 53, n. 8, 2000, pp. 1027-55.

22. Os estados de ânimo perpetuam-se: Uma volumosa literatura mostra o efeito de retroalimentação dos estados de espírito. Ver, por exemplo, Gordon H. Bower, "Mood Congruity of Social Judgements". Em Joseph Forgas (org.), *Emotions and Social Judgement*. Oxford: Pergamon Press, 1991, pp. 31-53.

23. O estudo de Yale sobre humor e desempenho: Sigal Barsade, "The Ripple Effect: Emotional Contagion in Groups", documento de trabalho n. 98, Escola de Administração da Universidade Yale, New Haven, 2000.

24. Chefes e sentimentos ruins: John Basch e Cynthia D. Fischer, "Affective Events-Emotions Matrix: A Classification of Job-Related Events and Emotions Experienced in the Workplace". Em Neal Ashkanasy, Wilfred Zerbe e Charmine Hartel (org.), *Emotions in the Workplace: Research, Theory and Practice*. Westport: Quorum Books, 2000, pp. 36-48.

25. A angústia prejudica a empatia e a habilidade social: Jeffrey B. Henriques e Richard J. Davidson, "Brain Electrical Asymmetries during Cognitive Task Performance in Depressed and Nondepressed Subjects". *Biological Psychology*, v. 42, 1997, pp. 1039-50.

26. As emoções refletem a qualidade de vida no trabalho: Cynthia D. Fischer e Christopher S. Noble, "Affect and Performance: A Within Persons Analysis", artigo apresentado na Reunião Anual da Academia de Administração, Toronto, 2000.

27. Satisfação no trabalho não é o mesmo que se sentir bem enquanto trabalha: Cynthia D. Fisher, "Mood and Emotions while Working: Missing Pieces of Job Satisfaction?". *Journal of Organizational Behavior*, v. 21, 2000, pp. 185-202. Ver também Howard Weiss, Jeffrey Nicholas e Catherine Daus, "An Examination of the Joint Effects of Affective Experiences and Job Beliefs on Job Satisfaction and Variations in Affective Experiences over Time". *Organizational Behavior and Human Decision Processes*, v. 78, n. 1, 1999, pp. 1-24.

28. Benefícios mentais do bom humor: ver A. M. Isen, Tim Dalgleish e Mick J. Power (org.), "Positive Affect". Em *Handbook of Cognition and Emotion*. Chichester, Wiley, 1999.

29. Bom humor e desempenho: Ver C. D. Fisher e C. S. Noble, "Emotion and the Illusory Correlation Between Job Satisfaction and Job Performance", artigo apresentado na segunda Conferência sobre Emoções na Vida Organizacional, Toronto, ago. 2000.

30. Vendas de seguros: Martin E. Seligman e Peter Schulman, "The People Make the Place". *Personnel Psychology*, v. 40, 1987, pp. 437-53.

31. O impacto do humor na eficácia do trabalho: As descobertas são analisadas em R. W. Clouse e K. L. Spurgeon, "Corporate Analysis of Humor". *Psychology: A Journal of Human Behavior*, v. 32, 1995, pp. 1-24.

32. CEOs e sua equipe de alta gerência: Sigal G. Barsade, Andrew J. Ward et al., "To Your Heart's Content: A Mode of Affective Diversity in Top Management Teams". *Administrative Science Quarterly*, v. 45, 2000, pp. 802-36.

33. A melhoria no clima de serviço impulsiona o aumento da receita: Lyle Spencer, monografia apresentada na reunião do Consórcio para Pesquisa sobre Inteligência Emocional em Organizações, Cambridge, EUA, 19 abr. 2001.

34. Moral ruim dos representantes de atendimento ao cliente e declínio nas receitas: Benjamin Schneider e David E. Bowen, *Winning the Service Game*. Boston: Harvard Business School Press, 1995.

35. O humor afeta a unidade de tratamento cardíaco: ibid.

36. Humor, atendimento ao cliente e vendas: Jennifer George e Kenneth Bettenhausen, "Understanding Prosocial Behavior, Sales Performance, and Turnover: A Group-Level Analysis in Service Context". *Journal of Applied Psychology*, v. 75, n. 6, 1990.

37. A análise que conecta clima a desempenho empresarial: David McClelland, "Identifying Competencies with Behavioral-Event Interviews". *Psychological Science*, v. 9, 1998, pp. 331-9; Daniel Williams, "Leadership for the 21st Century: Life Insurance Leadership Study". Boston: LOMA/Hay Group, 1995.

38. Mais em termos técnicos, descobriu-se que os estilos são responsáveis por 53% a 72% da variação no clima organizacional. Ver Stephen P. Kelner Jr., Christine A. Rivers e Kathleen H. O'Connell, "Managerial Style as a Behavioral Predictor of Organizational Climate". Boston: McBer & Company, 1996.

8. O PONTO IDEAL PARA O SUCESSO [pp. 153-78]

1. Amy Arnsten, "The Biology of Being Frazzled". *Science*, v. 280, 1998, pp. 1711-3.

2. Sobre a intensidade do estresse e os danos por ele causados, ver Timothy Noteboom et al., "Activation of the Arousal Response and Impairment of Performance Increase with Anxiety and Stressor Intensity". *Journal of Applied Physiology*, v. 91, 2001, pp. 2039-101.

3. Embora essa disfunção se aplique aos centros executivos do cérebro temporariamente danificados, o órgão ainda faz uma

aposta pouco arriscada que pode dar certo. Consideremos os estudos de pessoas em situações de estresse extremo em contextos como bombeiros, militares e times de basquete. Sob uma pressão muito grande, os líderes mais experientes se saíram melhor ao utilizar hábitos e competência adquiridos ao longo dos anos. Um capitão do Corpo de Bombeiros, por exemplo, poderia orientar seus subordinados em meio à incerteza caótica e ao terror de um incêndio confiando em intuições forjadas em uma longa história de situações semelhantes. Enquanto os mais experientes sabem instintivamente o que fazer em momentos de alta intensidade, para um novato até a melhor teoria pode falhar. Ver Fred Fiedler, "The Curious Role of Cognitive Resources in Leadership". Em Ronald E. Riggio et al. (org.), *Multiple Intelligences and Leadership*. Mahwah, Erlbaum, 2002.

4. Sobre os correlatos da tristeza e da alegria no cérebro, ver António Damásio et al., "Subcortical and Cortical Brain Activity During the Feeling of Self-Generated Emotions". *Nature Neuroscience*, v. 3, 2002, pp. 1049-56.

5. Estados de ânimo positivos, por exemplo, podem deixar as pessoas mais realistas; quando estão se sentindo bem e têm um objetivo importante, as pessoas podem buscar informações potencialmente úteis, mesmo que sejam negativas e as chateiem. Ver, por exemplo, L. G. Aspinwall, "Rethinking the Role of Positive Affect in Self-Regulation". *Motivation and Emotion*, v. 22, 1998, pp. 1-32. No entanto, o estado de ânimo elevado não é necessariamente melhor para todas as tarefas: estar frivolamente alegre demais não é nada bom, por exemplo, para uma tarefa detalhada, como verificar um contrato. Na verdade, os estados de ânimo negativos às vezes podem tornar nossas percepções mais realistas, em vez de pintar um mundo cor-de-rosa em excesso. Nos momentos certos, vale a pena manter a seriedade. Para uma

análise mais detalhada, ver Neal M. Ashkanasy, "Emotions in Organizations: A Multi-level Perspective". Em Neal Ashkanasy et al. (org.), *Emotions in the Workplace: Research, Theory, and Practice*. Westport, Quorum Books, 2000.

6. Sobre diagnósticos de radiologistas, ver Carlos A. Estrada et al., "Positive Affect Facilitates Integration of Information and Decreases Anchoring in Reasoning Among Physicians". *Organizational Behavior and Human Decision Processes*, v. 72, 1997, pp. 117-35.

7. A ansiedade corrói a eficiência cognitiva. Por exemplo, estudantes com ansiedade para a matemática têm menos capacidade na memória de trabalho quando estão diante de um problema de matemática. Sua ansiedade ocupa o espaço de atenção de que eles precisam para a matéria, o que prejudica sua capacidade de resolver equações ou compreender novos conceitos. Ver Mark Ashcroft e Elizabeth Kirk, "The Relationship Among Working Memory, Math Anxiety, and Performance". *Journal of Experimental Psychology*, v. 130, n. 2, 2001, pp. 224-7.

8. Sobre cortisol e o U invertido, ver Heather C. Abercrombie et al., "Cortisol Variation in Humans Affects Memory for Emotionally Laden and Neutral Information". *Behavioral Neuroscience*, v. 117, 2003, pp. 505-16.

9. Ao descrever a relação entre estado de ânimo e desempenho nos termos do U invertido, estou simplificando bastante as coisas. Toda emoção muito importante tem uma nítida influência sobre nossa maneira de pensar. Os humores fazem nossos julgamentos oscilarem; quando estamos de mau humor, temos uma tendência maior a logo desgostar do que vemos; entretanto, quando estamos animados e otimistas, é mais fácil perdoar e apreciar mais as coisas. Ver Neal M. Ashkanasy, "Emotions in Organizations: A Multi-level Perspective". Em Neal Ashkanasy et al. (org.), *Emo-*

tions in the Workplace: Research, Theory, and Practice. Westport, Quorum Books, 2000. Embora o bom humor ocasione muitos benefícios, as emoções negativas podem ser úteis em situações específicas. O "mau" humor é capaz de melhorar certos tipos de desempenho, como uma revisão meticulosa em busca de erros ou fazer uma análise criteriosa entre diversas opções. Esse ajuste da tarefa ao estado de ânimo foi mapeado em detalhes por John Mayer, da Universidade de New Hampshire. Para uma revisão de como os humores afetam o desempenho, ver David Caruso et al., *The Emotionally Intelligent Manager.* San Francisco: Jossey Bass, 2004. Os neurocientistas começaram a mapear formas específicas com que diferentes estados emocionais podem estimular diversas habilidades intelectuais. Pelo menos na faixa média de humor, os estados de ânimo podem facilitar tarefas específicas — e em uma faixa limitada de tarefas específicas, os humores negativos às vezes ajudam, enquanto os positivos às vezes fazem mal. Por exemplo, a ansiedade (pelo menos nos níveis suscitados durante um filme de terror) parece melhorar a execução de tarefas processadas em grande parte pelo córtex pré-frontal direito, como reconhecer um rosto. A alegria (induzida ao assistir a uma comédia) intensifica tarefas do hemisfério esquerdo, como o desempenho verbal. Ver Jeremy R. Gray et al., "Integration of Emotion and Cognition in the Lateral Prefrontal Cortex". *Proceedings of the National Academy of Sciences*, v. 199, 2002, pp. 4115-20.

10. Em grande parte o mesmo argumento foi apresentado em Jennifer George e Kenneth Bettenhausen, "Understanding Prosocial Behavior"; e em Neal M. Ashkanasy e Barry Tse, "Transformational Leadership as Management of Emotion: A Conceptual Review". Em Neal M. Ashkanasy, Charmine E. J. Hartel, and Wilffred J. Zerbe, *Emotions in the Workplace: Research, Theory and Practice.* Westport, Quorum Books, 2000, pp. 221-35.

11. Amy Arnsten, "The Biology of Being Frazzled". *Science*, v. 280, 1998, pp. 1711-3.

12. Thomas Sy et al., "The Contagious Leader: Impact of the Leader's Mood on the Mood of Group Members, Group Affective Tone, and Group Processes". *Journal of Applied Psychology*, v. 90, 2005, pp. 295-305.

13. Marie T. Dasborough, "Cognitive Asymmetry in Employee Emotional Reactions to Leadership Behaviours". *Leadership Quarterly*, v. 17, 2006, pp. 163-78.

14. Neal Ashkanasy et al., "Managing Emotions in a Changing Workplace". Em Ashkanasy et al., *Emotions in the Workplace*, op. cit.

15. James Harter, Organização Gallup, relatório inédito, dez. 2004.

16. A pesquisa é citada em Amy Zipkin, "The Wisdom of Thoughtfulness". *The New York Times*, 31 maio 2000, p. C5.

Fontes

GERENCIAR COM O CORAÇÃO
Adaptado de *Inteligência emocional: A teoria revolucionária que redefine o que é ser inteligente*. Daniel Goleman. Trad. de Marcos Santarrita. Rio de Janeiro: Objetiva, 1996.

A FORMAÇÃO DE UM LÍDER
Adaptado de um texto publicado originalmente na *Harvard Business Review*, nov.-dez. 1998. Incluído em *Liderança: A inteligência emocional na formação do líder de sucesso*. Daniel Goleman. Trad. de Ivo Korytowski. Rio de Janeiro: Objetiva, 2015.

LIDERANÇA QUE DÁ RESULTADOS
Adaptado de um texto publicado originalmente na *Harvard Business Review*, mar. 2000. Incluído em *Liderança: A inteligência emocional na formação do líder de sucesso*, op. cit.

QI DE GRUPO
Adaptado de *Inteligência emocional: A teoria revolucionária que redefine o que é ser inteligente*. Daniel Goleman. Trad. de Marcos Santarrita. Rio de Janeiro: Objetiva, 1996.

LIDERANÇA PRIMORDIAL
Adaptado de *O poder da inteligência emocional: Como liderar com sensibilidade e eficiência*. Daniel Goleman, Richard Boyatzis e Annie McKee. Trad. de Berilo Vargas. Rio de Janeiro: Objetiva, 2018.

O CÉREBRO SOCIAL
Adaptado de *O cérebro e a inteligência emocional: Novas perspectivas*. Daniel Goleman. Trad. de Carlos Leite da Silva. Rio de Janeiro: Objetiva, 2011.

O PONTO IDEAL PARA O SUCESSO
Adaptado de *Inteligência social: A ciência revolucionária das relações humanas*. Daniel Goleman. Trad. de Renato Marques. Rio de Janeiro: Objetiva, 2019.

DESENVOLVENDO A INTELIGÊNCIA EMOCIONAL
Adaptado de *O cérebro e a inteligência emocional: Novas perspectivas*, op. cit.

APÊNDICE: COMPETÊNCIAS DE LIDERANÇA
Adaptado de *O poder da inteligência emocional: Como liderar com sensibilidade e eficiência*, op. cit.

ESTA OBRA FOI COMPOSTA PELA ABREU'S SYSTEM EM
INES LIGHT E IMPRESSA EM OFSETE PELA CORPRINT
SOBRE PAPEL PÓLEN NATURAL DA SUZANO S.A. PARA
A EDITORA SCHWARCZ EM JULHO DE 2025

A marca FSC® é a garantia de que a madeira utilizada na fabricação do papel deste livro provém de florestas que foram gerenciadas de maneira ambientalmente correta, socialmente justa e economicamente viável, além de outras fontes de origem controlada.